产教融合与社会服务双轨育人机制研究

常磊 著

新华出版社

图书在版编目（CIP）数据

产教融合与社会服务双轨育人机制研究/常磊著

. -- 北京：新华出版社，2024.6

ISBN 978-7-5166-7397-3

Ⅰ.①产... Ⅱ.①常... Ⅲ.①高等学校-产学合作-

关系-社会服务-人才培养-研究-中国 Ⅳ.

①G649.2

中国国家版本馆 CIP 数据核字(2024)第 098578 号

产教融合与社会服务双轨育人机制研究

著　　者：常　磊

责任编辑：高映霞　　　　　　　封面设计：瑞天书刊

出版发行：新华出版社

地　　址：北京石景山区京原路8号　邮　　编：100040

网　　址：http://www.xinhuapub.com

经　　销：新华书店、新华出版社天猫旗舰店、京东旗舰店及各大网店

购书热线：010-63077122　　　　中国新闻书店购书热线：010-63072012

照　　排：刘　祥

印　　刷：济南文达印务有限公司

成品尺寸：170mm×240mm

印　　张：14.5　　　　　　　　字　　数：221 千字

版　　次：2025年1月第一版　　印　　次：2025年1月第一次印刷

书　　号：ISBN 978-7-5166-7397-3

定　　价：58.00 元

序

职业教育作为我们国家国民教育体系和人力资源开发的重要组成部分，对于建设教育强国、科技强国、人才强国，推动经济和教育高质量发展，保障和改善民生，具有十分重要的意义。习近平总书记指出，职业教育前途广阔、大有可为，要优化职业教育类型定位，增强职业教育适应性，加快构建现代职业教育体系，培养更多高素质技术技能人才、能工巧匠、大国工匠。

产教融合是推动职业教育高质量发展的必由之路，也是激发社会创新动力的重要内生机制。党的二十大报告提出"统筹职业教育、高等教育、继续教育协同创新，推进职普融通、产教融合、科教融汇，优化职业教育类型定位"，明确了职业教育改革发展的目标、路径和方法，也为深化产教融合指明了新的方向。

增进人民福祉、促进人的全面发展是我们党立党为公、执政为民的本质要求。社会服务是在教育、医疗健康、养老、托育、家政、文化和旅游、体育等社会领域，为满足人民群众多层次多样化需求，依靠多元化主体提供服务的活动，事关广大人民群众最关心最直接最现实的利益问题。

作为培养高层次、高素质技术技能人才的主力军，高职院校如何通过深化产教融合来提高人才培养质量，为人民群众提供更好的社会服务能力，增强人民群众的幸福感、安全感和获得感是新时代新环境下值得深入探索的话题。

高等职业教育是在中国经济高速、高质量发展和信息技术高速发展叠加环境下成长起来的高等教育新类型，旨在培养适应经济与社会发展对技能型人才的需求。这一教育新类型，鲜明地凸显其与传统的纯学校形式的高等教育的区别——不是在"围城"里办教育，而是必须跨越传统的经院教育的视域。这意味着，高等职业教育是一种跨界教育，其人才培养必须在职业与教育之间，寻求职业成长规律与教育认知规律的整合。为此，高等职业教育在办学模式上，强调校企合作，这就必须关注现代企业制度与现代学校制度；在人才培养模式上，强调产教融合，这就必须关注教育的规律、工作的规律和学习的规律。从中国高职教育20年的大发展来看，坚持产教融合是其发展壮大的关键，也是其实践探索取得的重要经验。深化产教融合要求高职教育必须解决现存问题，进一步将产业先进技术、优秀文化和发展需求融入专业教学，深入推进产业界、教育界的有机衔接，以保证高职教育事业的可持续发展。

《产教融合与社会服务双轨育人机制研究》一书正是常磊研究员以跨界的视角，在对大量研究成果加以总结提炼的基础上创新性地提出了产教融合与社会服务双轨育人这一模式，旨在培养具备高度专业知识和技能，同时能够快速适应社会经济发展需求的人才。这种机制以产业和教育深度融合为基础，通过构造"五位一体"的引导场域，实施大学生"四元契合"的就业教育方略，健全"三体联动"的就业保障制度，最终形成以高技能人才职业能力为主线，岗位工作过程为导向的双轨育人模式，实现人才培养和社会服务的双重目标，从而进一步提升教育质量和社会服务水平，促进产业升级，推动经济社会创新发展。

相对于传统的高等教育，高等职业教育特别是关于技能型人才培养本质的理论研究，还滞后于实践的发展。因此，这一双轨育人模式的创新和探索仍然是一个常讲常新的话题，需要我们不断进行实践的探寻与理论的梳理。近年来关于校企合作、产教融合的研究与探索已成为大家的共识。

《产教融合与社会服务双轨育人机制研究》一书适合高等教育特别是职业教育的管理者、教师、学生等人员阅读，也可以供相关研究者阅读参考。

王富

2023 年 11 月于北京

王富，教育部巡视专员、教育部关心下一代工作委员会常务副主任、中国教育装备行业协会专家委员会主任委员、中国教育装备行业协会教育装备研究院名誉院长。教育部关心下一代工作委员会是教育部党组领导下的群众性工作组织，负责指导、组织、协调、服务全国教育系统关工委工作。

目　录

第一章　高校育人概述

育人理念是高等教育的重要指导思想，也是高校工作的核心。可以说，高校各项教育教学工作都是以育人理念为核心展开的。因此，深入研究高校育人机制，首先需要对高校育人的内涵、特点、功能、原则以及理论基础有一定的认识和理解。

第一节　高校育人的内涵与特点

一、高校育人的内涵

在我国传统文化中，育人的观念具有深厚的历史渊源和长久的发展历程。在《现代汉语词典》中，育人被解释为三种含义：生育、养育以及教育。这三种不同的解释都以个体的成长为核心，充分体现了教育促进人的全面发展的思想。本书所探讨的育人主要是指教育，而高校育人则特指在高校中针对学生开展的涵盖智力、道德、身体素质等多方面的教育。

事实上，早在先秦时期，我国就已经出现了相关的育人思想。例如，孔子在教育实践中提出了"君子博学于文、约之以礼"（《论语·雍也》）的教育理念，强调学生学习教师教授的内容，包括各种文化知识以及社会的行为规范和道德礼数。随着儒家思想的进一步发展和演化，诸如"仁""义""礼""智""信"等一系列比较系统的教育思想也逐渐形成。《大学》系统地给出了"格物""正心""修身"等一系列做人和育人的准则。

这些传统的育人理念对中国古代传统文化和传统教育产生了深远影响，

并且一直被后世所尊崇和传承。

陶行知和徐特立的教育理念深刻地强调了教育的本质任务，即培养学生成为有品德、有价值的人。他们认为，教育不仅仅是传授知识，更关键的是引导学生在人生中找到正确的道路。陶行知指出，教师的责任不只是教书，更是教人做人；而徐特立更进一步强调教师要成为"人师与经师的合一"，在教书育人中达到统一。这种"教人做人"的理念在今天仍然有着深刻的指导意义，提醒教育者注重学生的品德和人文素养，使教育真正成为人生之道的引导者。

自新中国成立以来，我国一直将育人工作置于教育的核心地位，并在实施特定的教育方针中提出了明确的指导原则。例如，在《1954 年文化教育工作的方针和任务》中明确指出："中等教育和初等教育，应贯彻全面发展的教育方针……为培养社会主义社会的建设者而奋斗。"另外，在 1961 年颁布的《教育部直属高等学校暂行工作条例（草案）》中，提出："教育必须为无产阶级政治服务，必须同生产劳动相结合，使受教育者在德育、智育、体育几方面都得到发展，成为有社会主义觉悟的有文化的劳动者"。1981 年的《关于建国以来党的若干史问题的决议》提出："用马克思主义世界观和共产主义道德教育人民和青年坚持德、智、体全面发展，又红又专，知识分子与工人农民相结合，脑力劳动与体力劳动相结合的教育方针。"2007 年 10 月，党的十七大上提出"要全面贯彻党的教育方针，坚持育人为本、德育为先，实施素质教育，提高教育现代化水平，培养德智体美全面发展的社会主义建设者和接班人，办好人民满意的教育。"2018 年 9 月，习近平在全国教育大会上指出，"要努力构建德智体美劳全面培养的教育体系，形成更高水平的人才培养体系。要把立德树人融入思想道德教育、文化知识教育、社会实践教育各环节，贯穿基础教育职业教育、高等教育各领域，学科体系、教学体系、教材体系、管理体系要围绕这个目标来设计，教师要围绕这个目标来教，学生要围绕这个目标来学"。

根据党的教育政策和国家领导人讲话，可以得知我国的教育政策虽然不断调整，但始终以"育人"为核心，旨在促进学生的全面发展。因此，育人是教育的生命和灵魂，也是教育的价值诉求和本质要求。要深入理解高校育人的内涵，不能仅停留在对相关政策的阐述上，还需要结合其本质进行深入解读。

首先，高校育人应秉持"以人为本"的理念，强调人作为社会发展的核心主体。这一理念突显了个体的自觉性，强调在理解社会历史规律的基础上，推动社会发展并实现个体目标。作为中国共产党的执政理念，这一观念贯穿于我国经济社会发展的全过程。因此，不论是在社会建设的大框架下，还是在高校育人的具体实践中，都需要将"以人为本"视为基础，把促进个体的全面发展视为最终目标和至高理想。

其次，高校育人要紧密追随人的发展规律，因为任何事物的发展都遵循一定的规律，而人作为社会的关键组成部分也不例外。在具体个体层面，不同的人在发展需求和程度上存在多样差异。因此，高校育人不能简单笼统，而应深入关注个体的发展规律，充分尊重每一位学生的价值和尊严。唯此，学生才能够在其独特的发展轨迹上得到应有的关怀和培养，实现全面发展。

再次，高校育人的核心理念应以"育"为中心，强调教育活动作为人类实践的关键形式，是个体从自然状态向社会状态转变的重要途径。在人类社会发展的过程中，教育活动使得个体逐渐具备了更为丰富的社会属性，从而更加全面而具体。因此，"育"不仅是教育活动的核心，更是高校育人的关键所在，通过"育"的形式，学生能够实现更全面的个体发展。

最后，高校育人应尊重学生的主体性，认识到学生在教育活动中是认识和实践的主体。忽视学生主体地位，仅从学校和教师视角出发，不利于激发学生的主动性和积极性，妨碍育人目标的实现。大学生相对成熟，具有强烈的自我意识和主体性需求。此外，现代教育强调充分发挥学生的主体作用，主张"教"和"学"的统一，使"教"与"学"相辅相成，更好地促进学生全面发展，实现育人目标。

二、高校育人的特点

高校育人工作在现代教育理论的指导下，以大学生为参与主体，通过采取多样化且内容丰富的教育活动，促使大学生获得更全面的发展。高校育人的本质内涵决定了其具有以下四个主要特点。

（一）导向性

导向性是指促使事物朝着特定方向发展的特性。高校育人的宗旨是通过开展各类教育活动，引领学生全面成长，实现育人的目标。因此，高校育人具有导向性的特质，其指引的方向是学生的全面发展。

进一步分析高校育人的导向性，我们发现高校在明确育人目标的基础上，会构建更为具体的育人计划，并针对计划的执行进行监督，涵盖了育人时间、育人方式、育人效果等各个方面，以确保计划实施的效果。这种导向是对育人过程的指引，是不可或缺的。相对于结果而言，过程更为重要，也是整个育人工作的核心。因此，高校育人的导向性特征同时体现在结果导向和过程导向两个方面。

（二）参与性

现代教育强调学生主体作用，倡导整合"教"与"学"，以促使学生在积极参与中实现更好的发展。尤其在实践活动中，学生的参与至关重要，既是实践育人的对象，也是实践教学和社会实践活动的主体。这为高校育人赋予了明显的参与性特征。参与性的特点可从两个方面深入阐述：一方面，学生是育人活动真实的参与者，无论在教师引导下还是自主参与，大学生需要参与整个育人活动过程，通过参与来改造自身世界观，提升综合素养；另一方面，在实践活动中，大学生有权结合个人情况选择适宜的实践内容和方式，甚至能够自行设计、组织实践活动，这种由学生主导的实践活动中，他们既是主导者，也是参与者，能够更迅速地获得成长与发展。

（三）渗透性

高校育人工作不仅包括课程育人，还涉及各类实践活动，其中渗透性的特征越来越显著。这种教育模式将育人目标隐藏，避免直接说教，为学生提供自主感悟的空间。渗透性教育的优势在于避免学生的反感，因为大学生自我意识强烈，对强加观念抱有排斥态度。为此，教育工作者应该淡化或隐藏育人目标，通过课程和实践活动以渗透性的方式引导学生，让他们在相对自由的环境中感受并认为观念是自主选择的，从而真正深入影响学生心灵。

（四）综合性

高校育人是一项系统而复杂的工程，其开展涉及多个方面，具备全面性和综合性特征。这综合性体现在两个方面：一是育人工作需要高校自身努力，也需要政府、企事业单位和社会的支持和合作，以提高育人工作的效益；二是育人工作需渗透到各学科教育中，通过理论和实践相结合的方式推动育人计划，确保育人目标的实现。这种全面性和综合性是高校育人工作有效展开的关键因素。

第二节　高校育人的功能与原则

一、高校育人的功能

高校育人功能是实现育人目标的重要支撑，主要体现在教化与规范、激励与引导以及熏陶与辐射三个方面。这些功能共同作用，推动了育人目标的有效实现。

（一）教化与规范

教化是透过教育感化个体，提升其道德素质的过程。人具有自然属性和社会属性，而教化的目标是降低人的自然性，增强社会属性。社会属性指在社会生产生活和交往中需要具备的特性，如爱国、敬业、诚信、友善等。基础教育阶段学生的社会属性尚不稳定，因此高校需要持续进行全面的教育，发挥教化功能，使学生的社会属性趋于稳定。

规范与教化在功能上有相似之处但程度不同。规范具有约束意义，通过教育使学生的言行得到规范。规范的约束目的在于限制不礼貌、不道德的行为，使学生能够遵守基本道德规范。高校育人的规范功能旨在引导学生认识规范行为的重要性，使他们在日常生活中能够遵守基本社会规范。这并非限制学生的自由，而是帮助他们在一定社会规范的基础上实现更自由的发展。

（二）激励与引导

高校育人的激励功能建立在认知教育基础上。只有对事物形成认知，才能产生动机，驱使相应行为。举例来说，大学生身为中国特色社会主义事业的建设者，需要坚定为实现中华民族伟大复兴的中国梦而奋斗。高校育人通过认知教育激发大学生的爱国主义情感和社会责任感，使其自愿承担国家建设的责任，为实现中华民族伟大复兴的中国梦而不懈努力。

高校育人的引导功能包括对学生文化素养、道德素养、健康素养、艺术素养和社会适应能力五个方面的引导。文化素养涵盖积极学习态度、独立分析解决问题等；道德素养关注言行规范，如爱国奉献、诚实守信；健康素养主要指学生掌握和应用基本的体育与心理健康知识和运动技能增强体能；艺术素养涉及感受欣赏美、综合运用艺术知识与技能；社会适应能力关注社交能力和社会实践能力。高校育人的目标就是促使学生全面发展，这也是高校育人功能的重要体现，因而，引导学生全面发展应贯穿学生教育的始终。

（三）熏陶与辐射

熏陶与辐射功能主要在实践育人活动中体现。学生在实践中受到熏陶，其言行、思想认识受影响；同时，学生的行为对其他学生和整个社会群体产生辐射作用。学生作为实践活动的主体，通过活动参与，逐渐接受、认同实践活动传达的教育思想，形成自身的素养和能力。实践任务的完成要求高，对学生的创新能力、实际动手能力、集体合作意识等产生积极影响，增强道德自觉和情感意志，提升品格情操和思想境界。

大学生在实践活动中的积极行为和成长常常对其他大学生产生正面引领和辐射作用，促使更多大学生参与社会实践活动，提升整个学校的校园文化层次。例如，参与志愿活动的学生传递的"奉献、互助、友爱、进步"精神，会吸引更多人积极参与。大学生作为社会的一部分，其积极行为也对整个社会产生良好影响，甚至有助于促进社会主义核心价值观的践行，提升社会整体道德水平，实现了大学生个人发展与社会进步的良性互动。

二、高校育人的原则

高校育人工作的开展需要遵循一定原则，以确保其成效。在准确了解现状、全面分析时代机遇和挑战的基础上，可以从顶层设计的框架中制定相应原则。综合考虑，高校育人应遵循至少五个原则。

（一）坚持马克思主义指导原则

马克思主义是对客观存在的事物本质及规律的正确反映，其生命力源于与具体社会实践的结合。马克思主义能指导人们运用新理论、新技术、新方法解决新问题，并随时代发展不断完善，展现与时俱进的理论品质。尽管社会发展变迁，但马克思主义在这过程中一直与时代契合，为人类社会实践提供理论指导。从教育体系论的角度看，教育体系包括哲学方法、一般科学方法、基本教育方法和具体教育方法四个层次。马克思主义属于哲学方法论，位于第一层，具有普遍性指导作用。在高校育人工作中，应牢固坚持马克思主义原则，将其抽象的哲学方法逐渐与具体实践相结合，以宏观的视角构建和实施高校育人工作的框架。

（二）坚持教师引导与学生主体相结合原则

在高校育人中，教师和学生分担引导者和主导者的角色，各自发挥着独特而不可或缺的作用。为有效推动育人工作，必须坚持教师引导与学生主体相结合的原则，以确保教育活动在引导与主体性之间取得平衡，促使学生成为自主学习和发展的主体。

在传统教学中，教师主导学生学习和成长，但这忽视了学生的主体作用，对其成长不利。在当今高校育人模式中，教师逐渐转变为引导者，强调在学生发展过程中的引导作用。

第一，教师是学生发展的引路人。尽管大学生的身心发展已经相对成熟，但他们在思考问题和制定自我发展规划时，仍可能会遇到一些困惑和偏差。

在这个过程中，教师可以通过积极的引导，帮助学生理清思路，找到正确的方向，并且鼓励他们朝着自己的目标前进。

第二，教师在具体实践活动中给予学生指导和帮助。大学生在实践活动中可能会遇到各种问题和困难，此时教师可以通过观察、沟通和指导，给予学生必要的帮助和支持，以确保实践活动能够顺利进行，并达到预期的效果。

第三，教师能够合理调配教育资源。在高校育人工作中，教育资源是非常重要的。教师作为教育工作者，应该具备合理调配和利用教育资源的能力，将各种资源有效地整合在一起，以支持教育活动的开展和学生发展的需要。

对于学生而言，在新的人才培养模式下，他们不再是被动的接受者，而是成为自我发展的主导者。为了充分激发学生的主观能动性，发挥学生的主体作用，高校教育工作者必须把握以下两个方面。

首先，在实践活动中尊重学生自主选择的权利。实践活动对于促进学生的发展具有积极的作用，但由于学生之间存在着性格、能力、兴趣等方面的差异，所以组织实践活动时应给予学生自主选择的权利，让学生根据自己的兴趣、性格和能力选择适合自己的实践活动，从而最大限度地激发学生的主观能动性，实现实践效益的最大化。

其次，教育活动的开展要以学生的需求为出发点。同样以实践活动为例，在策划实践活动时，需要站在学生的角度去考虑，如采取问卷调查、访谈、座谈等方式，收集学生的意见，以此来确定实践活动的形式和内容。这样不仅能够提高实践活动的针对性和有效性，还能够更好地满足学生的需求，激发学生的参与热情和积极性。

在高校育人中，教师和学生应对自身角色有正确认知，充分发挥各自作用。教师是引导者和组织者，职责在于引导、组织、服务，关注学生发展并提供及时帮助；学生是主导者，职责在于参与、实践、自主探索，积极思考、认真反思，并在教师引导下有所收获。两者结合，产生 1＋1＞2 的效果。

（三）坚持第一课堂与第二课堂相结合原则

第一课堂和第二课堂分属于不同的教育领域，其作用各异，但二者共同承担高校育人的任务。通过第一课堂和第二课堂的有机结合，可以实现 1＋1

＞2 的效果。

第一课堂是高等院校组织的教学活动，包括各种教育环节如讲课、实验、作业、考试、实习、毕业设计（论文）等。在高校育人中，第一课堂是主阵地，以理论知识传授为主。在教学过程中，教师应注意激发学生的主观能动性，避免完全主导课堂教学。

第二课堂指的是高校在教学计划之外组织的课外活动，包括学术性、知识性、健身性、娱乐性、公益性等方面的活动。它作为第一课堂教学的补充，是高校育人的重要组成部分。相较于第一课堂，第二课堂更加丰富彩，而且由于在课外，更容易激发学生的主观能动性。在理论知识学习的基础上，借助实践活动的补充和延伸，能够使学生更深刻地理解理论知识，正如陆游诗中所言："纸上得来终觉浅，绝知此事要躬行"。

在高校育人工作中，第一课堂和第二课堂发挥着不可替代的作用。第一课堂通过传授理论知识，为学生提供认知基础；第二课堂通过组织实践活动，使学生能够将理论知识付诸实践。这两者相辅相成，相互联系，共同为高校育人目标的实现提供全面支持。

（四）坚持合力育人原则

在高校育人工作中，为了进一步提高育人效果，需要建立一个协同合作的四位一体的育人体系。学校作为主要平台，承担主导作用；家庭通过与学校联动，共同解决学生问题；政府提供政策引导和教育保障；社会作为广阔舞台，为学生提供实践机会。这种体系的建立能够更全面、多维度地关注学生的成长，为其提供更丰富的资源和支持。

在这一育人体系下，高校虽然是主要平台，但政府、家庭和社会的协同合作至关重要。社会的参与特别在第二课堂的开展中发挥着关键作用。高校应以自身为着力点，协调政府、家庭、社会的力量，共同打造政府主导、家长参与、学校组织、社会支持的高校育人工作格局，为学生的全面发展提供有力支持。

（五）坚持扶持与考核相结合的原则

扶持和考核是高校育人体系中两种不同的手段。扶持的主要目标是"拉动"，通过政策保障、资金支持、载体建设等手段，推动教育工作者顺利开展育人工作。而考核的核心在于"验"，通过成果验收、教师评价、学生评价等方式，对育人成果进行评估和确认。尽管这两种手段各有侧重，但它们之间是相互补充的，共同为高校育人目标的实现提供支持。

在高校育人工作中，扶持是创造良好育人条件的基础，为教育工作者提供了积极参与的动力。实施育人工作时，应注重政策支持，制定相关文件以指导工作；强调载体建设，如教学实训基地的建设并规范运行；并且要强化资金支持，设立专项经费和建立常态化增长机制，以保障育人活动的有效实施。这三个方面的扶持共同构建了一个支持体系，使高校育人工作能够有序推进，更好地实现育人目标。

考核作为提高高校育人成效的手段，通过对学生和教育工作者的评价，能够有效激发动力、选拔优秀人才，并引导育人工作朝着更科学合理的方向发展。学生考核应全面评价其各方面发展，包括自评、互评和教师评价，以获取准确的信息。对教育工作者的考核则需结合工作成果和过程，以确保评价的客观性和全面性。这样的考核体系能够为高校育人目标的实现提供有力支持。

考核与扶持在高校育人工作中相辅相成，缺一不可。缺少扶持的考核将无法建立牢固基础，而缺少考核的扶持容易导致教育工作者的松懈。只有坚持扶持与考核相结合的原则，才能提高高校育人工作效率，推动实现育人目标。

第三节　高校育人的理论基础

一、自然主义教育理论

自然主义教育理论在教育语境中强调人的天性和身心发展的自然规律。代表人物是卢梭，提倡通过顺应人类天性的自然发展来实现教育目标。以下就从教育目标、教育方法和教育过程三个层面加以分析。

（一）教育目标：培养"自然人"

卢梭的"自然人"是指能够顺应人的自然天性而培养的个体。卢梭认为人的发展有内在规律，教育应顺应并保护学生的自然天性，使其按照身心发展规律成长。理想的教育应培养学生成为能够听从内心、独立思考、全面发展的个体。卢梭明确指出这种"自然人"是在一定社会规范下发展的，他所强调的自由是在自然规范下的自由，而非无约束的自由。

总的来说，卢梭的自然主义教育理论强调以人为主体，实施教育时应以人的需求和特点为出发点，尊重人的创新精神，并遵循人的身心发展规律，避免对学生进行压迫和强制，从而使学生能够在各方面得到充分发展，成为一个"自然人"。

（二）教育方法：因材施教

在卢梭的理念中，教育的核心在于遵循人的身心发展规律。因此，他强调教育者需要深入了解各年龄段学生的身心差异，从而确定有针对性的教育目标、方向和要求，即因材施教。卢梭将教育划分为四个阶段：婴儿期、儿童期、少年期和青年期，每个阶段都有其特定的教育目标、内容和方式。在婴儿期（0~6 岁），教育的重点是培养儿童强健的体魄。因此，体育成为这一阶段的主要教育内容。在儿童期（6~12 岁），由于孩子们仍处于感性认识阶段，教育应采用"自然后果法"，使孩子们在体验后果的过程中学会自我反省。在少年期（12～15 岁），教育的任务逐渐转向劳动、学习和技能培养。卢梭主张让孩子们主动探索问题，自我学习，并培养他们运用知识解决问题的能力。在青年期（16～28 岁），教育的重心是道德教育和信仰教育。这一阶段的主要目标是培养青年的情感、判断力和意志力，使他们学会自我约束，并远离不利于个人成长的诱惑。

其实，早在春秋时期，孔子就提出了因材施教的思想，强调对每个个体采取不同的教育方式。无论是孔子还是西方的卢梭，都认为教育应该顺应个体的本性，因材施教。尽管这些观点存在时代局限性，但对我国高校育人工作具有重要的指导价值和启发意义。通过对每个学生个体差异的充分理解，能够更有效地开展因材施教的教育工作，促进学生全面发展。

（三）教育过程：实践—体验—反思—感悟

卢梭反对灌输教育，强调学生作为教育的主体应该通过自主探索、实践体验、反思感悟的过程来获取知识。他认为每个人天生都有求知的欲望，教师应当保护和善用学生的求知欲望，引导他们自主参与实践活动，通过对实践的反思获得深刻体悟。在现代教育中，学生缺乏学习兴趣的重要原因之一就是教师忽视学生发展的内在规律，缺乏对学生有效引导，导致学生的求知欲被抑制，从而影响了他们的成长和发展。因此，教师需要改变传统的教学思维，积极组织实践活动，让学生在实践中发现问题、解决问题，将知识内化为自己的能力，实现真正的成长。

二、人的全面发展理论

马克思主义的人的全面发展理论深刻影响了高校育人工作，引导我们关注学生各个方面的成长。高校应通过培养学生的体力、智力、思想道德等多重素养，使其更全面的发展。这一理论为高校育人提供了全面而深刻的指导，促使我们更注重学生的综合素质，培养具备广泛能力和高度素养的人才，以适应社会的多层次需求。

马克思关于人的全面发展理论是马克思主义教育思想的重要组成部分，

也是我国社会主义教育方针的理论基石。这一理论通过分析现实的人和生产关系，提出人的全面发展条件、手段和途径，包括体力、智力、思想道德等多方面的全面发展。这与高校育人的目标一致，因此人的全面发展理论对于高校育人有着重要的指导价值。

马克思主义教育思想在中国的本土化不仅使其更贴合国情，而且在新时代为我国教育方针的制定提供了重要参考。具体而言，新时代人的全面发展理论的主要内容大致包括两个方面：人的素质的全面发展和人的能力的全面发展。

（一）人的素质的全面发展

人的素质的全面发展包括三个基本方面：科学文化素质的全面进步、思想道德素质的全面提升，以及身心健康素质的全面加强。

1.科学文化素质的全面进步

从内容层面分析，科学文化素质涵盖了科学素质及文化素质两大基本要素。其中，科学素质指的是个体对科学知识的掌握程度，树立科学思想，以及运用科学方法解决实际问题的能力。而文化素质则是个体对人文社科知识的掌握程度，例如文学、艺术、历史、社会等学科的知识，以及运用这些知识解决实际问题的能力。从古至今，科学和文化都是推动人类社会发展的重要力量，缺少了科学技术与文化知识的有力支撑，社会发展速度必然会减缓，甚至可能停滞不前。因此，在个体素质的全面发展中，科学文化素质的全面进步显得尤为重要。

2.思想道德素质的全面提升

关于思想道德素质的全面发展，可以归纳为三个关键词：大德、公德和私德。大德指的是在国家情怀和民族责任方面的道德素质，作为国家和民族的一员，我们应该具备大德、大爱、大情怀，树立远大的理想和抱负，积极投身于为人民、社会和中华民族的伟大复兴的奋斗中。公德指的是在社会公共环境中表现出的道德素质，主要体现在三个方面：一是人与自然的关系，如节约资源、保护环境、敬畏生命等；二是人与社会的关系，如爱护公物、维护公共利益、捍卫公序良俗等；三是人与人的关系，如乐于助人、诚实守信、尊老爱幼等。公德对于维持社会秩序发挥着重要作用，是人的思想道德素质中最核心的素质。私德则是指个人修养方面的道德素质，主要体现在个人的道德品质方面，如坚韧不拔、言行如一、以己度人等。综上所述，大德、公德和私德共同构成了个体的思想道德素质，这也是人的思想道德素质全面发展的主要内容。

3.身心健康素质的全面加强

从内容层面来看，身心健康素质涵盖了身体素质与心理素质两大基础素质。身体素质是指个体在生理方面的各类特质总和。拥有健康的身体是从事一切活动的前提，缺乏健康的体魄，将无法顺利完成学业，更不必说参与社会建设了。因此，身体素质在人的全面素质发展中占据了基础地位。

心理素质是指涉及自我意识以及以情绪为核心的心理活动的相关功能。心理素质既受到先天因素的影响，也受到后天环境的影响或教育培训、实践活动的塑造。这是一项极为复杂的心理功能，它在个体中表现为自我意识、情绪、情感、认知能力、气质、性格、心态、意志、品质等。心理素质的发展对个体的心理健康具有重要影响，甚至可能影响个体的身体素质。因此，无论是大学生还是社会群众，都应更加关注自身的心理素质，并加强心理素质的建设。

（二）人的能力的全面发展

人的能力的全面发展可概括为三个主要方面：一是认知能力的全面发展，；二是建设社会能力的全面发展；三是开发自然能力的全面发展。

1.认知能力的全面发展

认知能力的全面发展需培养战略思维能力、历史分析能力、辩证思维能力和创新思维能力。战略思维能力强调从全局角度看待问题，不陷入细节。审视事物时，需关注细节但不拘泥，以宏观眼光看待事物发展。历史分析能力要在理解历史规律的基础上总结经验。辩证思维能力注重以辩证性思维看待事物。万物相互影响、联系、制约，不能以孤立观点看待问题，需从广泛联系性出发。创新思维要求不受传统观念和思维方式拘束，以新方式思考和解决问题。

2.建设社会能力的全面发展

社会能力的全面发展主要表现在解决社会矛盾、协调社会关系和认识自我与社会关系三个方面。

习近平总书记在党的十九大报告中提到，我国社会的主要矛盾是解决人民日益增长的美好生活需要与不平衡不充分的发展之间的矛盾。只有有效解决了这一矛盾，社会才能保持平稳发展。因此，我们需要具备解决社会矛盾的能力。同样的，社会生产、生活中离不开人与人之间的交往，而这种交往很可能会引发摩擦和矛盾。这就需要我们具备协调社会关系的能力。此外，社会发展以人为本，每个人都是建设者，都在社会中发挥一定作用。在这个过程中，我们应意识到自身的价值，不断发展个人能力，为社会的进步做出贡献。

3.开发自然能力的全面发展

开发自然能力的全面发展主要包括探索自然规律、利用自然资源和与自然和谐相处的能力。探索自然规律要理解复杂自然现象的背后规律，以克服盲目开发。有效地利用有限自然资源是实现可持续发展的关键。在探索自然规律和利用自然资源时，需要遵守人与自然和谐相处的原则，培养和谐相处的能力，构建"生命共同体"的关系。

三、认知发展理论

（一）认知发展理论的基本观点

认知发展理论是由著名儿童心理学家皮亚杰提出的，该理论不仅对儿童研究有重要指导意义，还对各个阶段的教育具有指导作用。皮亚杰认为儿童是积极的环境探索者，他们不只是在接受外部机械刺激，而是需要主动探索，通过图式、同化、顺应和平衡来促进自身认知发展。

1.图式

图式是一种认知结构，这并非指物质结构，而是指心理组织的动态机能。具有整理、归类、改造和创造客体信息的功能，使主体能有效适应环境。构建认知结构的过程涉及同化和顺应两种方式。

2.同化

同化是主体将环境信息纳入并整合到已有认知结构的过程。这是对外部刺激进行过滤和改造的过程，通过同化优化和丰富原有认知结构。同化的结果是图式的量变。

3.顺应

当主体的图式无法适应客体需求时，需要通过顺应改变原有图式或创造新图式来适应环境。顺应使图式发生质的改变，表明主体被改造的过程。通过同化和顺应相互作用，主体建构新知识。

4.平衡

平衡是主体发展的心理动力，同时也是主体主动发展的趋向。皮亚杰认为儿童是环境的主动探索者，通过操作客体积极建构新知识，通过同化和顺应的相互作用实现动态平衡，达到符合环境要求的状态。主体与环境的平衡是适应的实质。

（二）学生认知发展的四个阶段

基于认知结构演变的过程，皮亚杰将儿童的认知发展分为四个阶段。通过在皮亚杰认知发展理论的基础上进行分析，我们将其应用范围扩大，总结为学生认知发展的四个阶段，具体内容见表 1-1。

表 1-1　学生认知发展的四个阶段

阶段	年龄	特征
感知运动阶段	0～2 岁	该阶段儿童的认知结构为感知运动图式，儿童借助这种图式可以协调感知输入和动作反应，并依靠动作去适应环境
前运算阶段	2～7 岁	该阶段的儿童建立了符号功能，能够借助心理符号进行思维，但其思维方式主要以自我为中心，且不具备逻辑性
具体运算阶段	7～11 岁	该阶段学生的认知结构转变为运算图式，以自我为中心的思维方式也开始减少，并且思维开始具备逻辑性，能够运用数字、类别、空间等重新构建世界
形式运算阶段	11 岁以后	11 岁以后，学生的思维逐渐抽象化，对事物的认识摆脱了11 岁以后具体实物的束缚，能够合乎逻辑四运用抽象概念进行假设推测、归纳，并在此基础上形成观点

（三）认知发展理论的指导意义

1.育人活动应充分考虑学生的认知发展阶段

学生的认知发展过程被划分为四个阶段，大学生所处的阶段是第四阶段。然而，在实际教育过程中，不同年级的大学生仍存在认知差异。因此，针对大学生的育人活动需要进一步分析其认知发展水平，并制定适应其认知发展水平的育人活动。

2.育人活动应帮助学生实现平衡与不平衡的动态发展

根据认知发展理论，学生的认知发展是一个平衡不断构建的过程。智力正是在有机体作用于环境（同化作用）和环境作用于有机体（顺应作用）两种机能作用下，经过不平衡—平衡的循环往复，才从低到高不断发展和丰富。因此，在高校育人活动中，教育工作者需要打破学生原有的平衡，并帮助其建立新的平衡，从而不断促进学生认知水平的提升。

3.育人活动应重视学生的主体作用

认知发展理论指出学生认知的形成是一个自主建构的过程。学生在与外部环境不断地相互作用中，促进认知水平的发展。因此，在高校育人活动中，要充分发挥学生的主观能动性，让学生积极探索，而教师只作为引导者和帮助者，在必要的时候予以帮助。

四、多元智能理论

（一）多元智能理论的内容

多元智能理论是由哈佛大学的认知心理学家霍华德·加德纳提出的，他认为个体具备八种智能：语言智能、数理逻辑智能、空间智能、运动智能、音乐智能、人际交往智能、内省智能和自然观察智能。传统教育过于强调语言智能和数理逻辑智能，但这两者并不能完全代表人类的智能水平，单纯关注这两种智能不利于学生的全面发展。同时，不同个体在智能表现上存在差异，例如空间智能较强的人可能擅长图像和空间感知，而语言智能较强的人可能擅长写作和口头表达。因此，了解学生的智能倾向是实现有效教育的重要前提。

1.语言智能

语言智能涵盖口头语言和文字运用能力,包括听说读写,表现为高效表达思想、描述事件和与他人交流的能力。

2.数理逻辑智能

数理逻辑智能涉及数字和推理的运用,包括对抽象关系的认识、计算、量化、思考命题和进行复杂数学运算的能力。

3.空间智能

空间智能涉及对空间信息的知觉和表现能力,包括色彩、线条、形状、结构等。可分为抽象的空间智能和形象的空间智能,分别对应几何学家和画家的特长。

4.运动智能

运动智能指人类调节身体运动和使用双手改变物体的能力,体现在对身体的良好控制、在面对事物时做出适当的身体反应以及正确使用身体语言表达思想的能力。

5.音乐智能

音乐智能包括察觉、辨别、表达和改变音乐的能力,表现为对音调、旋律、节奏和音色的敏感性,通过演唱、演奏、作曲等方式对音乐进行表达。

6.人际交往智能

人际交往智能涵盖理解他人及其关系以及与他人交往的能力。主要包括组织能力、协商能力、分析能力和人际联系能力,这四个要素相辅相成,缺一不可。

7.内省智能

内省智能指正确认识自己的能力,包括对自身长处、短处的认知,对情绪、欲望、动机、意向的把控,以及对生活的规划等。

8.自然观察智能

自然观察智能涉及认识周边自然事物(如动物、植物、自然环境等)的能力。这种智能可进一步引申为探索智能,包括对自然和社会的深入探索。

（二）多元智能理论对高校育人的指导意义

1.对学生观的指导意义

多元智能理论强调学生在智能方面的差异，并将其视为一种丰富多样的资源。对教育者而言，理解并善用学生的独特智能是至关重要的。这并非教育的负担，而是一种宝贵的机遇。透过欣赏的视角，教师能够深入了解学生的才能，并通过正确的引导方式，推动每个学生充分发挥其智力潜力，促使他们在学业和生活中取得良好的发展。

2.对教育观的指导意义

传统的智能理论主要关注学生的语言智能和数理逻辑智能，因此有些教师认为只针对这两种智能进行教育即可促使学生发展。然而，这种观点忽略了学生多元智能的存在，有些学生在这两方面的表现可能并不出色。因此，教育应根据学生差异，采用多样化的教学模式，以促进学生智能的全面发展，实现学有所得、学有所长。

3.对育人目标的指导意义

高校育人目标旨在全面促进学生德、智、体、美、劳的发展。在智能发展目标的确定上，学校应认识到学生的差异，避免将多个智能的同步发展作为目标。相反，应结合学生的情况，将某个智能作为重点发展目标，将其他智能作为次要发展目标，以最大限度地激发学生的潜能并促使其获得应有的发展。这突显了在教育中个体差异的重要性，以更好地满足学生的发展需求。

第二章 高校育人机制的多角度分析

第一节 高校育人的动力机制

一、高校育人动力机制的概念与特点

（一）高校育人动力机制的概念

动力有两种解释：一是物理学中使用机械做工的各种力；二是推动各项事业发展的力量。此处所提到的动力显然不是物理层面的力。机制原指机器的构造方式或工作原理，运用到社会活动中，是指系统的内在机能与运行方式，是保持系统持续、有效运行的要素功能的强化及重组。动力机制就是将两者结合起来，指在事物运动与发展过程中各种动力的作用原理与传导过程，其本质是描述动力和事物运动与发展的内在联系。

高校育人动力机制是指高校这一范畴内的育人动力源和作用方式，它能够推动高校育人工作实现高效、优质运行并达到预期目标的一种机制。如果对其进行衍生，它涵盖了一切可以推动高校育人工作的力量。

（二）高校育人动力机制的特点

1.目标性和方向性

高校育人动力机制的目标清晰明确，指向高校对学生培养的基本问题，即"培养什么样的人、怎样培养人以及为谁培养人"。高校育人不仅要让学生成长成才，更需明确培养方向，使学生成长为对社会有用的人才，体现了鲜明的目标性和方向性。

2.发展性和变化性

从发展论的角度看，高校育人机制都在不断发展和变化，无论是内生动力还是外生动力，都受到时代发展的影响。内生动力与人的需求密切相关，随着人需求的变化和发展，内生动力也会相应变化。外生动力则受国家政策和社会大环境的影响，一旦发生变化，高校育人动力机制也会相应调整。因此，高校育人动力机制具有发展性和变化性的特点。

3.差异性

高校育人动力机制的差异性可以从内生动力和外生动力两个角度展开分析。从内生动力角度看，人与人之间存在差异，这种差异性必然导致内生动力的差异。而从外生动力角度看，不同地区、不同高校在政策和经济上存在差异，这种差异会导致外生动力的差异，从而使得高校育人动力机制在内外两个层面都呈现一定的差异性。

4.统一性

高校育人的动力源自实践主体内生和外生两个方面，它们之间相互联系、相互作用、相互促进，构成了高校育人的动力机制。实践主体的内生动力是因内在发展需要而产生的，体现了人的自然性和社会性的统一；而外生动力则体现在国家和社会对人才素质的要求，即"培养什么样的人"这一问题。外生动力会强化内生动力，内生动力又会反作用于外生动力，形成协调统一的动力机制。

二、高校育人的内生动力与外生动力

内生动力和外生动力，是高校育人动力机制的两个要素，高校育人机制不仅依赖于内在的学习动力和自我激励（内生动力），还需要外在的激励和环境支持（外生动力）来共同推动学生的全面发展。这两者相互联系、相互作用、相互促进，缺一不可。

（一）高校育人的内生动力

高校育人的内生动力主要来源于三个因素：人的未完成性、人的需求以及理想人的生成。这些因素不仅是高校育人的内生动力之源，而且在整个育人过程中构成了一个完整的内生动力链。

1.人的未完成性是内生动力的逻辑起点

人类的不完美和未完成性是人类进步和发展的源泉。这种特质使人与动物有了本质区别，驱使着人类不断寻求完善和成长。人类的发展潜力是无限的，这种潜力促使人们持续学习，追求自我提升。人们对自身不完美的认知，以及对未知可能性的探索，形成了持续学习与发展的动力，也为高校教育提供了坚实的基础和目标。

2.人的需求是原生动力

人的需求是与生俱来的特质，指的是个体因为生存和自我发展的欠缺而产生的渴望和期望。这种需求不仅包括对外部世界的渴望，也涉及对未来更好的内在追求。个体的目标越宏大，需求也就越强烈；同时，未满足感越强，需求感也随之增强。这种需求驱动着个体的行为围绕着满足这些需求展开。在高校育人中，学生也具备各种需求，这促使他们积极参与教育活动，追求自我提升和发展，以满足内在的成长需求。

3.理想人的生成是终极目标

人存在着现实和理想两个自我层面，分别是"现实的我"和"理想的我"。一般来说，个体都渴望成为理想中的自己，这种愿望表现了对进步的渴求，也是人类生存和发展的重要动力。成为理想人是高校育人内在动力链的终极目标，即使这一目标难以达成且随着时间和空间的变化不断改变，但个体天生追求超越自我，这是其固有的天性。在理想人的憧憬下，学生的内在动力不断强化，支持着他们的成长和发展。这种内在的动力源不仅激发了个体的积极性，也塑造了个人成长的动力链条。

（二）高校育人的外生动力

高校育人动力机制的构建建立在内外动力相互作用的基础上。内在动力是核心，外在动力则对内在动力和整个机制都产生着影响。高校育人的外在动力主要源自两方面：一是教育发展需求，即对教育体系、方法和资源的发展和改进；二是社会发展需求，包括社会对于高等教育产出、人才培养方面的期望和需求。

1.高校育人机制的创新发展是外生动力的根本

创新人才培养机制是国家对高等教育的迫切要求，也是当前高校教育发展的关键需求。尽管高等教育经过初步改革取得了一定进展，但仍存在人才培养与社会需求脱节、学生实践能力不足等问题。因此，提高人才培养质量成为高等教育改革的核心任务。随着新时代的到来，高校育人工作也经历了从原先的"三育人"发展为当前的"十大育人体系"。在新要求下，高校育人机制需要不断创新，才能不断为育人工作提供动力，并持续发挥其作用。这种创新努力对于确保高校育人工作质量和效果至关重要。

2.国家发展需求是外生动力的一个促进因素

高校人才培养与国家发展需求密切相关。作为培养高级专业人才的重要场所，高校应当根据国家发展需求调整人才培养方向。习近平总书记在 2021 年中央人才工作会议上指出，要以国家重大需求为导向，全面推进新时代人才强国战略，加速建设世界级人才中心和创新高地，为实现 2035 年社会主义现代化目标和全面建成社会主义现代化强国目标提供人才支持。在这一背景下，高校需要对其人才培养机制进行创新，以满足国家发展对人才的需求。

三、高校育人动力机制运行应遵循的原则

高校育人动力机制对于推动高校育人工作和实现其育人目标至关重要。在运行这一机制时，需遵循内生动力和外生动力辩证统一原则、人的能动性与受动性辩证统一原则以及尊重人的需求的原则，以利于其最大程度地发挥效用。

（一）内生动力和外生动力辩证统一原则

高校育人动力机制内在和外在动力之间存在着紧密联系和相互作用。内在动力是学生自身心理发展的驱动力，而外在动力则源自外部环境对育人工作的影响。尽管二者有所不同，但都是与学生的发展息息相关。内在动力直接来源于学生，而外在动力则需依托内在动力发挥作用，因此是间接关联于

学生。在影响学生的过程中，二者又是相互依存、相互影响的。内在动力需要外部环境的激发以维持其持续性和最大化效能；而外在动力则需要内在动力的认可来发挥作用，否则外在动力难以体现，高校的育人工作也将变得虚无。因此，在高校育人动力机制的运作中，不能只重视其中一个方面，而是应遵循内外动力辩证统一的原则，促使内外动力形成良性互动，从而推动高校育人工作在两种动力的相互作用下高效展开。

（二）人的能动性与受动性辩证统一原则

马克思强调人既具有能动性又具有受动性。作为有生命的存在，人拥有自然力、生命力和欲望，表现为能动性；同时，作为自然的感性存在，人在某种程度上是受动的、受制约的。这受动性并非盲目，而包含一定程度的自觉性，且不同于动物的完全盲从。人的受动是有目的的，不是奴隶式的，通常起源于自身需求。

在高校育人中，能动性和受动性同时存在于教育者和受教育者身上。教育者的能动性体现在对教育内容、目标、方法的把握和资源协调上，但受到环境和受教育者的制约，表现出受动性。受教育者的能动性表现在自我发展、自我完善等方面，但受到教师、学校和社会大环境的约束，体现受动性。能动性可视为内生动力，受动性则类似外生动力，二者相互促进、相辅相成。在高校育人动力机制的运行中，需要遵循能动性与受动性辩证统一原则，促使两者良性互动。

（三）尊重人的需求的原则

在高校育人动力机制运行中，人的需求是内生动力产生的基础。因此，对教育者和受教育者需求的充分考虑至关重要。无论是教育者还是受教育者，其需求呈现出多元化和多层次性，这是由于个体之间存在着性格、兴趣、能力等方面的差异所致。面对这种多元化和多层次的需求，高校需要从多个方面着手，以支持教育者和受教育者需求的满足。这样做有助于确保教育者和受教育者动力的持续性，进而促进高校育人工作的高效完成。

第二节　高校育人的运行机制

一、高校育人运行机制的概念与特点

（一）高校育人运行机制的概念

运行机制是组织发展的内在机制和运作方式，包含指导和规范决策、管理人、财、物相关活动的基本原则和制度，以及影响组织行为的内外因素及相互关系。在高校育人工作中，各要素相互关联、相互影响。为了确保育人工作高效开展，必须建立灵活、协调、高效的运行机制。

（二）高校育人运行机制的特点

1.开放性

高校育人作为一个错综复杂且开放的系统，在运作过程中并非封闭运行，而是积极与外界进行交流与合作。为实现有序、高效的育人工作，高校需要与政府、企事业单位、社会组织和家庭等各方保持紧密联系，形成多方协调合作的良好局面。同时，高校也应持开放态度，积极接纳社会各界力量，逐步构建更完善的共享机制和共享平台。

2.协同性

协同理论指出系统整体的运作与各子系统之间的协同关系密切相关。当各子系统能够协同运行时，可能产生 $1+1>2$ 的效果；反之，若各子系统相互割裂，将增加内耗，导致系统难以发挥效用，陷入无序状态。作为一个复杂系统，高校育人在长期的探索与发展中形成了鲜明的协同性特征，主要表现在：一是多个育人主体之间的协同，包括学校、政府、企业、社会组织和家庭等；二是多元化育人内容的协同，涵盖课堂、实践等内容，同时针对不同年级大学生的特点形成不同的教育内容，并确保不同阶段的内容协同构建形成一个规范的体系。高校育人运行过程中，需要各环节"无缝"对接，同时要求各主体有效协同，以确保育人机制的高效运行。

3.长效性

高校育人是一项长期且复杂的工程，不是一蹴而就的任务，这赋予了高校育人运行机制长期持续的特性。高校的使命在于育人，因此不能将其视为短期运动式的体验，而应视为一种常态化的教育形式。为确保高校育人的长期效应，需秉承科学化、规范化的原则，踏实地实施工作。

二、影响高校育人运行机制的要素

影响高校育人机制运行的因素主要包括育人主体、育人客体、育人环境和育人内容。这些要素虽各自独立，但又相互关联、相互影响，共同作用于高校育人运行机制。

（一）育人主体

高校育人运行机制中，具有认识和实践能力的人是主体，包括教育者和学生。教育者在育人中发挥重要作用，但现代教育强调学生主体性。因此，学生也是不可或缺的主体。教师需善于激发学生的主观能动性，促使其积极参与育人活动，接受教育并自我教育，自觉发展和完善自我。教师作为育人主体之一，扮演引导和协助的角色，应加强对学生的关注，在需要时提供必要的帮助，促进学生成长和发展。

（二）育人客体

在高校育人活动中，客体指教育者选择的提供给学生的教育资源，包括教育方法、教育内容和教育载体等。这些客体应具有明显的时代特征，才能对学生产生及时有效的影响。因此，高校需要不断创新育人客体，通过丰富多样的育人活动将育人目标贯穿其中，促使学生在活动中加深认知、完善自我，最终全面提升综合素质。

（三）育人环境

育人环境是高等学校在建设和发展的过程中所形成的综合性环境，涵盖了校园的自然环境、物质环境、文化环境和学校制度环境等多个方面，包括办学中的硬件与软件、外显文化与隐性文化。它在高校育人工作中扮演着重要角色，主要体现在以下方面：

首先，育人环境是开展育人活动所必需的基础条件。无论是家庭还是校园，都需要一定的环境因素支持以促进育人活动的顺利进行。离开了适宜的环境，育人活动将无从开展。

其次，育人环境是实现育人目标的重要手段。高校的育人目标是促使学生实现德智体美劳全面发展。为了实现这一目标，校园文化建设、教育制度建设等都至关重要。缺少了这些客观手段，育人目标的实现将变得异常困难。

从更微观的角度来看，育人环境还在学生的价值观念、行为规范、精神陶冶、群体凝聚和心理构建等方面发挥着重要作用。因此，加强对高校育人环境的建设至关重要。

（四）育人内容

高校育人的核心在于借助何种教育载体及开展哪些具体活动来实现育人的目标。在高校育人过程中，涵盖了丰富多样的教育内容。总体上，这些内容可分为两大类：课堂育人和实践育人。以实践育人这一类为例，它涵盖了各种不同的实践环节，如教学实践、社会实践等。这些实践环节在具体要求和实施方式上存在一定的差异，对学生发展的影响也各有侧重。同时，学生对实践内容的体验深度也会影响他们的认知内化。体验越深刻，越能将体验中的认知内化于心，从而显著提高育人的效果。因此，在实践育人活动中，高校应构建一个立体化、综合化、全面化的实践育人内容体系，实现长期与短期相结合、学科优势与实际需求相结合、人才培养目标与活动组织体系相结合，以最大限度地提高育人成效。

三、高校育人工作运行的环节

高校育人的运行过程可以归纳为"三阶段、五环节"。其中，"三阶段"包括顶层设计、组织实施和评价反馈，而"五环节"则是在此基础上的进一步细化，涵盖了理念引领、顶层设计、组织实施、评价反馈和改进完善。下面将简要论述前三个阶段，评价反馈和改进完善将在评价机制中做详细阐述。

（一）理念引领

树立正确的育人理念是引领高校育人工作运行的核心思想，因此具有至关重要的意义。高校育人的运行理念需要从教育本质、教育规律和教育现状三个维度出发，处理好共性与个性、特殊性与普遍性、面和点之间的辩证关系。为此，我们应该树立以人为本、尊重学生个性差异、注重特色发展的育人理念。

1.以人为本

高校育人的核心理念为"以人为本"，其含义是指将学生置于教育体系的中心地位。教育的意义在于为学生提供服务，若脱离了学生这一主体，教育便失去了其存在的价值。因此，高校育人工作必须始终以学生为中心，深入了解并尊重每个学生的个性需求，致力于培养具备全面素质且能为社会做出贡献的人才。

2.尊重学生个性差异

大学生在性格、兴趣、能力等方面存在个体差异，因而具有不同的发展需求。为满足这些差异化需求，高校育人工作应采用个性化、差异化的育人理念，有针对性地组织各类育人活动，以实现差异化育人和个性化培养的目标。

3.注重特色发展

每所高校都形成了独特的文化和学科优势，这是其发展的优势所在。在高校育人工作中，我们应该根据本校的特色优势，开展相应的育人活动，并与其他高校进行交流合作，借鉴彼此的优势，实现共同发展。然而，这种特色发展不应忽视育人的本质，即培养学生成为德智体美劳全面发展的人。在开展育人活动时，高校应该始终坚持这一育人目标，进一步提升育人工作的成效。

（二）顶层设计

高校育人工作的顶层设计是对育人运行机制的整体规划，为推动高校育人提供了关键依据。这一设计应以明确的育人理念为指导，充分考虑学校的实际情况，进行科学规划和合理布局。应从以下两方面着手。

1.统筹规划

高校育人工作的顶层设计要全面考虑各类育人资源，涵盖校内外、显性隐性、课内外等多个方面。同时，这一设计必须紧密结合育人目标和社会需求，以构建一个资源共享、机制共建、多方共赢的育人工作体系，确保各方资源协同有序、高效合作。

2.分层设计

在统筹规划的基础上，高校还需要对育人机制进行分层设计，包括意识引导、知识学习、信息交流、实践体验和评价反馈等五个层次。每个层次的内容和作用都不同，高校需要在这五个层次上为学生提供全方位的教育，同时充分尊重学生的差异性，以确保他们在每个层次都能够得到发展与提升。

（三）组织实施

在高校育人工作的推进过程中，教育理念为先导，顶层设计为布局，虽然它们在很大程度上决定了工作的方向和目标，但关键还在于实施。只有通过切实有效的实施，才能使教育理念和顶层设计的价值得以充分体现。在实施过程中，三个机制起着主要作用：组织机制为前提，实施机制为主体，保障机制为支撑，三者相互关联，共同推动育人工作的顺利进行。

1.组织机制

科学合理的组织机制是高校育人可持续发展的基础。高校可在现有组织框架基础上，结合具体育人内容构建次一级的组织框架，例如设立实践育人工作领导小组，由校领导主导，包括校外参与单位负责人和校内相关部门负责人，负责实践平台建设、环境营造、经费保障和监督考核等。各学院可设立实践育人工作办公室，配合学校领导小组工作。在学生层面，组建大学生社会实践协会，负责各类实践活动的开展，形成多层次、广覆盖的科学合理的组织框架，最大限度地保障组织的顺畅运行。

2.实施机制

高等教育育人工作的实施应当遵循"思想引领、课堂主导、实践拓展"

的总体思路。思想引领是确保育人方向正确的保障，而课堂作为各学科教学的主阵地，在育人中发挥着不可替代的主要作用。实践作为课堂的延伸，通过体验将认识转化为情感、意志和行为，从而深化学生的素质和能力。这三者共同构成了育人工作实施的主体内容。

3.保障机制

保障机制主要包括条件保障、政策保障、经费保障和师资保障。

（1）条件保障

条件保障主要涉及教学资源的提供。以实践育人为例，条件保障包括平台建设和场地支持。实践育人需要相应的平台和场地，包括校内和校外的平台和场地。然而，平台和场地的建设需要大量的资金投入。因此，在资金有限的情况下，可以与校外社会组织合作，共同构建实践平台和场地，以支持学生的实践活动。

（2）政策保障

为确保高校育人工作的成效，必须遵循相应的规章制度。因此，高校应以国家的教育方针为指导，结合本校实际情况，制定相关的规章制度，以确保高校育人运行机制的规范性和有效性。

（3）经费保障

高校育人工作需要投入大量资金。为确保充足的资金保障，可以建立政府、学校、社会"三位一体"的资金筹措体系。在该体系中，政府、社会和学校各自发挥不同的作用。

（4）师资保障

师资队伍建设是深化高校育人的基础性工作。高校应结合自身实际情况，坚持以用为主，实现专兼职结合、校内外结合、产学研结合，充分利用校内教师资源和校外智力资源，构建相对完备的育人团队。

第三节　高校育人的评价机制

一、高校育人评价机制的概念与实施路径

（一）高校育人评价机制的概念

高校育人评价机制是涵盖育人工作各要素间关系和运作方式的总体评估，既包括评价的内容体系、标准依据、方法措施等，又强调了反馈机制的重要性。评价在高校育人中不仅是鉴定、导向、激励、诊断的工具，更需要反馈来支持调整和修改，只有这样，评价才能真正体现其意义。因此，我们强调的评价机制更侧重于评价与反馈相结合，以促进高校育人工作的不断优化。

（二）高校育人评价机制的实施路径

高校育人评价机制的实施路径涉及评价反馈和优化，形成完整的运行体系。其中评价反馈包括评价和反馈两个阶段，评价机制的实施路径则涵盖评价、反馈和优化三个环节。在实际应用中，一次优化往往无法完全改善评价机制，因此需要经历多次评价、反馈和优化的循环过程，才能实现高校育人工作的高效运行。

1.评价环节

评价环节在评价机制中占据基础地位，其有效性直接影响后续反馈和优化环节的效果。评价环节主要包括评价指标体系构建和评价工作实施两个关键部分。

（1）评价指标体系构建

评价指标体系是由多个指标构成的有机整体，用来量化和质化评价对象的各种特征和关系。它需要具备规范性、可比性和信度，以准确反映评价对象的各方面特点。在建立评价指标体系时，应遵循逐步筛选的原则，确保指标明确、数量适中，避免产生干扰或片面性。因此，必须根据评价对象的实际情况和评价目标，选择适量的、主次明确的指标，构建科学合理的评价指标体系。

（2）评价工作实施

在评价工作实施中，应遵循评价多元化原则，包括评价主体、内容、目标和方式的多样性。同时，评价应着眼于学生未来的发展，注重促进学生自我认知、自我完善和个人发展，而非只关注排名或等级。

2.反馈环节

反馈环节的核心作用在于向评价对象传达评价结果。这一环节主要涉及教育者和受教育者。通过向教育者反馈评价结果，可以促使他们发现评价实施过程中的不足之处，及时调整或改进育人方案，从而进一步完善育人的评价机制。向受教育者提供反馈，有助于他们更清晰地了解自身的发展状况，从而能够更有针对性地调整自身状态，以更有效地促进自身发展。

3.优化环节

优化环节是在反馈环节的基础上进行的，虽然反馈的对象包括学生，但从高校育人评价机制构建的角度来看，评价反馈主要是向教育者进行反馈。教育者根据反馈情况分析评价机制存在的问题，然后有针对性地修改和调整方案，并继续开展新一轮的评价实施工作。最终，通过这样的循环，形成一个螺旋式上升的良性循环的育人过程。在这个过程中，教育者和受教育者都能够得到持续的改进和提高。

二、高校育人评价机制构建应遵循的原则

在构建高校育人评价机制时，需要从评价指标、评价内容、评价过程、评价方法、评价结果等多个角度去分析和确立其需要遵循的原则。

（一）评价指标的角度

1.系统性原则

高校育人是一项涉及学生发展诸多方面的系统工程，因此在构建评价指标体系时，需要从多个角度进行全面思考。具体而言，评价指标体系应既关注育人环境层面，也关注工作运行层面；同时还应考虑到评价主体层面以及受教育者层面。但需要注意的是，系统性并不意味着评价指标体系的构建需

要涵盖所有方面，而是应以各个层面为切入点，筛选主要观测点，并将具有代表性、可测量和可评价的观测点纳入指标体系。若追求面面俱到，反而可能导致指标体系过于复杂，影响评价效率。

2.发展性原则

在构建评价指标体系时，我们需要以发展的眼光看待问题，将社会发展和学生发展的需求相结合，既要考虑学生的发展性指标，通过纵向对比来衡量学校育人成效，又要考虑学校与社会的发展性指标，引导学校重视指标涉及的内容。需要注意的是，评价指标体系并非静止不变的，而是应随时代发展和育人需求的演变灵活调整，以满足不断变化的教育发展和时代需求。

（二）评价内容的角度

1.普遍性原则

普遍性是高校育人工作中必须遵循的共性原则，也是该工作最基本的要求。在育人理念、顶层设计、指导思想、育人目标、实践平台以及师资队伍建设等方面，每一所高校都需要确保符合这些基本要求，并进行相应的评价。这些要素是高校育人工作实施的重要保障，是确保人才培养质量达到标准的基础。

2.特殊性原则

我国高等教育机构在客观上存在差异性，这种差异性主要体现在学校的类型、层次以及学生整体素质方面。因此，在制定评价内容时，除了上述普遍性内容之外，各高校还需遵循特殊性原则，结合各自的实际情况，制定出符合本校特色的评价内容。

（三）评价过程的角度

1.目的性原则

高校育人评价机制的目的在于检验成效、通过反馈和优化提升效率。评价的过程中，应总结育人工作中的成功经验，提炼可供借鉴和推广的经验做法，并将经验上升为理论。同时，要查找育人结果与预期目标之间的差距，发现教育过程中存在的问题，并采取有针对性的措施来弥补短板，不断优化和完善学校育人机制，最终促进育人工作的良性循环和螺旋式提升。

2.规律性原则

高校育人评价工作应始终围绕育人目标，遵循教育发展和大学生成长的基本规律进行。教育工作者应以这两个规律为依据，科学客观地评价育人工作及其成效。同时，善于从评价工作收集的数据和存在的问题中发现规律性特征，以更好地引导和完善高校育人评价工作。

（四）评价方法的角度

1.综合性原则

综合性意味着需要摒弃传统的单一评价方式，采取多维度、立体化的方式和方法，以更准确地反映高校育人工作的效果，从而更好地指导评价方案的调整和修订。具体而言，需要注重定性评价与定量评价的有机结合，以及整体评价与特色评价、重点评价的相互补充。只有这样，才能使评价结果更加科学、合理。

2.科学性原则

在构建高校育人评价机制时，应遵循科学性原则。科学的评价机制是确保评价结果准确、有效的关键。尽管目前尚未有统一的评判标准，但我们可以从评价机制对评价效果的影响来衡量其科学性。例如，前文提到的综合性评价方法，由于其对提升评价效果具有积极作用，因此被视为科学、合理的评价机制。所以，科学性原则并非固定不变的规则，而是根据评价可能产生的实际效果来界定。

（五）评价结果的角度

1.时效性原则

高校育人评价不仅仅是对教学过程的评估，还需要包括及时的反馈和改进环节。评价的时效性对于评价成效至关重要，因为滞后的反馈会削弱评价的效果。因此，确保评价机制的及时性至关重要，这样高校才能及时获得评价结果，并针对性地对教学过程进行调整和改进。

2.准确性原则

高校育人评价结果的有效运用需要确保评价的客观性和准确性。这需要评价主体保持客观公正，避免个人情感对评价结果的影响，并确保评价对象真实反映评价信息。评价信息的真实性影响着评价结果和评价机制的构建，因此在构建评价机制时，必须重视信息收集，并运用科学方法处理，以确保数据准确性。

三、高校育人评价指标体系的构建

育人评价机制的核心在于评价指标体系的构建，这一体系不仅是整个评价机制的基础，而且是主要内容。因此，下面将详细阐述高校育人评价指标体系的构建问题。

关于构建高校育人评价指标体系，前文已指出，该体系中的各项指标应适量，且主次分明，以便形成科学、合理的评价指标体系。此外，构建评价指标体系还需遵循系统性和发展性的原则。

在此基础上，对高校育人工作进行了系统的分析，并从众多的指标中选出了具有代表性的指标。同时，从教师和学生两个层面出发，构建了教师评价版的高校育人评价指标体系（表2-1）和学生评价版的高校育人评价指标体系（表2-2）。

表2-1　教师评价版的高校育人评价指标体系

一级指标	二级指标	三级指标
教育背景评价	定位与理念	教育定位
		教育理念
	教育方案	教育目标
		教育模式
		教育规格
	课程设置	课程安排
		课程设置的职业导向
		实践课程占比

续表

一级指标	二级指标	三级指标
教育背景评价	教学计划	教学项目设计
		教学计划制定
教育投入评价	师资队伍建设	教辅人员配置
		师资培训
		教师经历
	教育设施	教育设施数量与类型
		教育设施质量
		教育设施利用率
	教育经费	师资队伍建设经费投入
		教学建设经费投入
		学生活动经费投入
	教育保障	教育管理机构
		教育管理制度
教育过程评价	教育方法	教育模式
		教育方式
	教育考核	考核方案
		考核权重
	改革与创新	评价方式改革
		实施地点探索
		教育方法改革
教学效果评价	学生参与情况	学生参与活动态度
		学生出勤率
	学生成绩	学生学习成绩
		学生实践成绩
	学生综合能力与素质	学生综合能力
		学生综合素质

表 2-2　学生评价版的高校育人评价指标体系

一级指标	二级指标	三级指标
教师基本素养评价	知识素养	政治理论素养
		学科知识素养
		教育科学知识
	能力素养	语言表达能力
		教育教学能力
		组织管理能力
	职业道德素养	为人师表
		教书育人
		爱岗敬业
教育投入评价	教育设施	教育设施完备度
		教育设施使用感受
	教育材料	教育材料编选
		教育材料实用性
		教育材料充足性
教育过程评价	教育环节	教育准备
		教育内容
		教学方式
	教育管理	教育管理
		教育组织
		教育考核
教育结果评价	教育对学生的影响	教育对学生认知的影响
		教育对学生能力的影响
		教育对学生情感的影响
	学生对教学活动的态度	学生对教育活动的兴趣度
		学生对教育活动的满意度

第四节　高校育人的保障机制

一、高校育人保障机制的含义

高校育人保障机制是指高校为了确保育人活动的顺利进行而采取的一系列保障措施，包括制定科学规范的管理制度，合理配置教育资源，营造良好的育人环境等。

第一，高校育人保障机制的主要对象是教育者和大学生。教育者作为育人活动的组织者和实施者，需要基本权利和基本利益的保障，以调动其积极性并全身心投入育人工作。大学生作为育人活动的参与者，享有学习、公正评价、人身隐私和财产等基本权利，高校应尊重并保障这些权利，同时强调科学化、人性化的育人机制，以鼓励学生积极参与，从而提高高校育人效率。

第二，高校育人保障机制的作用在于确保高校育人活动能够有序组织、有效实施，并达到预期成效。考虑到高校育人的综合性质，缺乏保障机制将不可避免地影响活动的组织和实施，最终削弱育人的成效。因此，高校育人保障机制是确保育人成效不可或缺的要素，对于高校育人活动至关重要。

第三，高校育人保障机制是确保高校育人各要素协调运作的关键。高校育人涉及众多要素，它们既相互独立又相互联系，共同构成了完整的高校育人体系。只有这些要素相互协调，才能使得高校育人体系发挥作用。保障机制是影响这些要素协调运行的重要因素之一，只有建立科学、合理的保障机制，才能进一步促进要素之间的优化配合和协调运作，实现高校育人系统的高效运行。

二、高校育人保障机制的构建

构建高校育人保障机制应主要考虑五个方面：组织保障、物质保障、队伍保障、制度保障和环境保障。这五个方面相互联系、相互促进，共同为高校育人工作的顺利开展提供支撑。

（一）组织保障

组织保障是维持高校育人机制正常运行的重要手段。通过成立专门的育人工作组织机构，例如实践育人专门机构，形成党委统一领导的，校宣传部门总牵头，党政齐抓共管，教务处、科研处、学生处、团委等各相关部门协作实施的工作机制，以增强各主体间的联系，确保整个体系得以有效运转。党委的统一领导有助于把握高校育人的大方向；专门机构的设立则有助于更有针对性地围绕育人工作开展教育教学活动；各相关部门和二级学院则负责进一步组织实施。此外，通过构建育人的网络信息交流平台，高校、家庭、社会组织可以随时随地便捷沟通，从而在线上线下、校内校外组织的合作下进一步提升育人成效。

（二）物质保障

物质保障是确保高校育人工作正常开展的关键，包括提供教育场所设施和教学用的资料等。物质保障不仅是高校育人工作的基础，更是其根本。在经费有限的情况下，高校应认真思考如何使有限经费发挥最大作用。可根据工作的性质和重要性对经费进行分类配置，适度增加对重要工作的经费投入，减少对次要工作的经费投入，使有限经费发挥最大作用。这样才能更有效地实现高校育人工作的各项目标。

（三）队伍保障

作为高校育人工作的策划者和执行者，教师的整体素质和教学水平对提高育人成效至关重要。因此，加强教师队伍建设，可从以下三方面着手。

1.加强师德建设

师德是教师品德的显著表现，师德建设是教师队伍发展的基础。2019 年12月，教育部等七部门颁布了《关于加强和改进新时代师德师风建设的意见》，明确了新时代师德建设的总体目标和具体要求，确保其正确发展。另外，秉持以人为本的理念至关重要，将教师置于核心地位，围绕教师进行师资培训和日常管理，给予教师信任和尊重，以激发他们在教育教学中的主动性和创造性，从而全面推进师德建设，为教育事业注入更多活力。

2.加强教师队伍学科素养建设

高校育人工作以学科教学为基础，致力于学生学科素养的培养。学科教学是满足学生全面发展需求的关键。作为学科教学的主要组织者和实施者，教师的学科素养直接影响学生学科素养的提升。因此，教师队伍建设必须将教师的学科素养视为重要内容，确保他们在专业发展道路上不断进步，从而更好地推动学生学科素养的发展。

3.制定激励制度

建立有效的激励制度是提升教师队伍素质的重要保障。这种制度能够激发教师参与学习、教学和研究的积极性，推动其专业化发展。例如，学校可以实行定期理论学习、优秀教师外出学习、青年教师优质课比赛、科研专项评分等激励措施。在制定激励政策时，应结合学校的实际情况和教师的个人发展，制定更切实可行的激励机制，以最大程度地发挥激励制度的效用。这样才能更好地激发教师的工作热情和创造性，有利于提升教师队伍整体素质。

（四）制度保障

从制度的内在含义来看，制度通常指的是要求社会成员共同遵守的办事规程或行动准则，是整个社会实现某种功能和特定目标的一系列规范体系。一个没有规矩的社会是无法正常运转的。现代化的社会，必然是一个高度规则化的社会，制度在此扮演着至关重要的角色。对于高校育人来说，制度同样是不可或缺的，它为整个教育过程提供了重要的保障。

首先，制度的建设必须以法律为依据。任何高校在制定育人制度时，都必须严格遵循国家法律的规定，不能超出法律所允许的范围。

其次，制度的解释需要详尽。在建立相应的制度之后，高校还需要对制度进行详尽的解释，并定期进行宣讲。这样可以使每一位教育工作人员和学生充分了解政策，也有助于他们树立遵守制度的观念。

最后，制度的执行必须严格。在制定了制度之后，就必须严格按照制度执行，这样才能保证制度的严肃性和权威性。当然，如果遇到特殊情况，可以通过会议的形式进行商讨，以体现制度的灵活性和人情味。

（五）环境保障

环境因素对学生发展影响深远而复杂，因此环境保障在高校的保障机制中显得尤为重要。高校环境建设需同时关注物质文化和精神文化两方面，旨在打造一个有利于学习的良好环境。

1.物质文化建设

校园环境建设中的物质文化是不可或缺的重要组成部分。具有深厚文化底蕴的校园环境能够通过其独特氛围，积极影响学生的成长。可以想象，一个独具特色的建筑群、绿意盎然的自然风光的校园，必定能够激发学生的审美情趣，甚至有助于增强他们对自然和生命的热爱。因此，在校园环境建设过程中，高校应充分认识到物质文化建设的重要性，通过打造独特的物质文化，达到"润物细无声"的教育效果。

2.精神文化建设

高校的精神文化包括了多个方面，如价值观念、思想意识、理想信念、师生关系和工作模式等。这种软实力是校园文化的核心，对学生的影响更为深远，尽管不如物质文化那般直观。因此，高校在建设中应更重视精神文化。学生参与和主体作用在精神文化建设中尤为重要，有助于学生更深入地理解校园文化内涵，激发其主动性，使校园的精神文化内化为学生个人的道德价值观。

三、高校育人保障机制发挥作用的策略

在构建高校育人保障机制的基础上，进一步发挥其作用是教育工作者必须深入思考的重要问题。根据高校育人的特点和高校育人保障机制构建的五个方面，总结出了两点促进高校育人保障体系发挥作用的策略。

（一）遵循客观规律

规律代表事物内部要素或事物间联系与矛盾运动的必然趋势。高校育人

保障机制的规律性意味着其中各要素之间的本质联系和矛盾运动的必然趋势。在机制的构建和运行中，必须遵循这些客观规律。这种遵循有助于更好地理解高校育人保障机制的内在运作，并有效指导相关工作的开展。具体而言，其需要遵循的规律主要体现在三个方面。

1.满足需要规律

在个体层面，不同事物所引发的需求各异。就大学生而言，在教育教学中，他们渴望获取知识和提高能力。因此，高校育人保障机制应聚焦于满足大学生上述需求，这不仅是高校育人的现实要求，也体现了对育人规律的积极响应。值得注意的是，高校育人保障机制在满足大学生需求时存在两种情况：一是满足学生积极、合理的需求；二是满足学生消极、不合理的需求。显然，高校育人保障机制应以满足学生的第一种需求为宗旨。因此，在运行保障机制时，高校需从合理化、科学化的角度出发，全面考虑大学生发展的深度和广度，这样才能更好地满足他们的需求，并使高校育人保障机制发挥最大的效用。

2.要素协同规律

高校育人保障机制涵盖多种要素，包括人力、物质、环境和思想等。这些要素在协同运作中需遵循一定规律，以确保机制有效运行。要素间需要不断开拓新元素并融入整体体系，以促进机制的不断完善。同时，要素间在学生育人空间和时间上的一致性与连贯性对要素布局至关重要。总的来说，遵循要素协同规律，确保各要素协同运行，是提高高校育人保障机制效用的有效途径。

高校育人保障机制涵盖多个要素，包括人力、物质、环境、思想等。这些要素在协同运行的过程中必须遵循一定规律。机制的有效运作要求各要素在已有基础上不断拓展新的要素，并使其融入整个机制体系，不断地完善和丰富。同时，各要素不仅要在大学生育人空间上保持一致性，还需要在时间上保持连贯性，以确保各要素布局的合理性。总体而言，遵循要素协同规律，保障各要素的协同运行是高校育人保障机制发挥效用的有效途径。

3.发展平衡规律

高校育人保障机制与其他事物一样，处于不断发展的状态，并在发展过程中，各要素相互协同，使机制以有序、稳定和平衡的状态运行。发展和平衡两种状态在保障机制中相互协同，对于机制发挥效用至关重要。因此，在高校育人保障机制运行中，正确看待发展与平衡的关系，并遵循发展平衡规律，是确保机制良好运行的关键。

（二）厘清三个关系

在高校育人保障机制的构建和运行过程中，需要处理的关系有很多。如果处理不当，很可能对保障机制的运行效果产生不利影响。这需要重点关注三种关系：线上与线下的关系、物质保障与精神保障的关系以及宏观与微观的关系。

1.线上线下关系

随着"互联网＋"时代的发展，网络已成为高校育人的重要途径。习近平总书记强调通过新媒体和新技术提升网络育人效果，融合传统优势和信息技术，增强时代感和吸引力。因此，高校要顺应"互联网＋"时代的新常态，运用互联网思维破解新形势下的育人工作，在充分利用传统育人方式优势的基础上，充分发挥网络育人的作用，确立与时代发展相一致的育人理念，打造线上线下相结合的育人阵地，提高学生的参与度。同时，开展网络育人工作时需审慎甄别网络言论，防范外部势力通过互联网传播意识形态和文化霸权。因此，相关人员要守好网络育人的新阵地，为学生创造良好的网络育人环境，实现线上线下"双线育人"。

2.物质保障和精神保障的关系

物质保障和精神保障是高校育人工作中两个重要要素。物质保障是为育人工作提供物质支持和经济基础，而精神保障则涉及理念和主观精神资源的综合。这两者相辅相成，相互补充，共同促进高校育人工作的有效开展。在育人工作中，需要协调两者的关系，使物质和精神保障相得益彰，共同提高育人工作的运行效率。

3.宏观和微观的关系

高校育人工作中，我们需从宏观和微观两个角度来审视保障机制。宏观保障机制由政府主导，为高校育人提供整体保障条件；微观保障机制由高校为主导，为教育工作者提供符合其实际需求的保障。两者相辅相成，相互关联，宏观保障机制指导和影响微观保障机制的运行，微观保障机制是宏观保障机制的延伸和拓展。在实践中，我们需要妥善处理宏观和微观保障之间的关系，以确保高校育人保障机制最大限度地发挥作用。

第三章　高校育人机制的创新发展

高校育人机制在人才培养方面至关重要。随着时代进步，创新已成为必然选择。尽管传统机制有其价值，但面对时代需求，应与时俱进，不断创新，以提升育人成效。这是教育工作者需要认真思考的重要问题。

第一节　高校育人机制创新的重要性

创新是推动民族进步和社会发展的关键因素，对于国家繁荣和民族振兴具有至关重要的作用。在教育领域，创新同样具有不可替代的价值。只有通过不断创新，教育才能与时俱进，不断进步，为国家的可持续发展提供源源不断的人才支持。具体而言，高校育人机制创新的重要性主要体现在以下三个方面。

一、高校育人机制创新是适应新时代发展的必然要求

教育是提升公民综合素质及促进全面发展的重要途径，也是推动社会发展和民族振兴的关键基石。中华民族一贯高度重视教育，无论是"国将兴，必贵师而重傅；贵师而重傅，则法度存"，还是"教育是国之大计、党之大计"的观念，都体现了我国对教育重要性的深刻理解。党的十九大报告指出，经过长期努力，中国特色社会主义已经进入了新时代，这既是我国历史发展的新方位，也是我国教育行业发展的新起点。面对新时代的新挑战、新机遇，建设教育强国的使命显得尤为重要。为了胜任这一历史责任，高校育人机制

必须不断创新，以适应时代的发展需求，为国家培养出更多高质量的人才。具体而言，新时代高校育人机制的创新主要体现在三个"新"上：新起点、新使命和新担当。

（一）新起点：教育机制创新的历史出发点

教育的进步和革新始终与时代同行。自党的十九大以来，以习近平同志为核心的党中央对我国教育的重视程度与日俱增，并把教育放在优先发展的战略位置上，推出了一系列的改革措施。无论从总体的战略布局，还是各项具体的教育改革措施来看，都描绘出一幅对历史负责、让人民满意的中国教育画卷。在全党全国人民的共同努力下，中国教育事业取得了历史性的成就，整体水平走在世界前列，进入了新时代。这是我们进一步改革创新教育的历史起点。对于高校教育工作者而言，要在新时代的坐标上，结合实际情况，科学创新高校育人机制，以更好地适应时代的需求，为培养全面发展的人才做出贡献。

（二）新使命：推动中华民族的伟大复兴

实现中华民族伟大复兴是近代以来中华民族最伟大的梦想，而教育在实现这一梦想中扮演着不可或缺的角色。教育能够提高国民素质，培养更多的人才，为国家的繁荣发展作出重要贡献。当前，我们正处在实现中华民族伟大复兴的伟大进程中，比历史上任何时期都更接近这一目标，对科学知识和卓越人才的渴求比以往任何时候都更加强烈。

建设教育强国是中华民族伟大复兴的基础工程，必须充分发挥教育的作用，培养德智体美劳全面发展的社会主义人才。教育是民族振兴、社会进步的重要基石，是提高国民素质、培养人才、促进经济社会发展的重要途径。只有不断提高教育质量，才能更好地为中华民族的伟大复兴服务。

青年是国家的未来和希望，是实现中华民族伟大复兴的生力军。高校作为培养青年人才的重要场所，肩负着重要的历史使命。高校应该创新其教育机制，注重培养学生的综合素质和创新能力，使他们成为具有国际视野、创新意识和实践能力的新时代人才。同时，高校也应该注重教育的可持续发展，加强教师队伍建设，提高教师素质，推动教育教学改革，为培养更多优秀人才贡献自己的力量。

（三）新担当：办好人民需要和满意的教育

当前，教育面临着两个重要的时代命题：优质和公平。人民对教育的期待也随之提高。任何有责任感的教育者都应承担起时代赋予的责任，努力促进教育事业的平衡和充分发展。在新历史时期，教育的改革与突破应紧紧围绕社会主要矛盾，以人民群众的利益为根本，以满足人民对教育的需求为宗旨，以人民对教育的要求为指向，努力办好人民需求和满意的教育。面对新时代人民对教育提出的新要求，高校也需要进行教育机制的创新，全面贯彻党的教育方针，落实立德树人的根本任务，追求高效的教育质量，并尽可能促进学生的全面发展，从而使每位学生都能得到更大的进步与发展。

二、高校育人机制创新是高等教育发展的自身需求

教育是不断进化和适应时代需求的过程。从远古到现代，教育一直伴随着人类文明的发展演变。随着科技飞速发展，教育面临更高的挑战和期许，需要不断改进与完善。这表明教育发展不仅受到外部环境的影响，也受到内部因素的驱动。高等教育作为教育系统中重要的一环，也必须不断创新育人方式，以满足自身发展的需求。

（一）高等教育的结构需要不断优化

高等教育结构包括宏观结构、微观结构和个体结构。宏观结构涵盖高等教育系统的各方面构成，包括层次水平、课程专业、地区布局和管理结构；微观结构关注单个高等学府内部的教育组成，包括专业设置、课程内容、教师队伍和管理机制；个体结构则指受教育个体内在素质的形成和发展，涉及德、智、体、美等多方面。优化高等教育结构需要教育机制的支持，因此，推动高等教育结构优化与发展必须依赖教育机制的创新。

（二）高等教育的教育质量需要不断提高

高等教育的发展水平是衡量一个国家发展水平和发展潜力的重要指标。高等教育在推动科技发展、传承优秀文化、创新思想文化和培养人才方面发挥着不可替代的重要作用。当前，"双一流建设""培养拔尖创新人才""建立高等教育联动机制""高等教育内涵式发展"等议题已成为我国高等教育发展的重要内容。随着高等教育的发展，人民群众对高等教育的要求已经从是否有机会接受大学教育转变为是否能够接受更高质量、更多样化、更灵活开放的高等教育。因此，教育机制作为影响高等教育质量的重要因素，必须进行创新以适应高等教育高质量发展的需求。只有这样，才能加快世界一流大学和一流学科建设，提高人才培养和教学科研质量，进而不断推动高等教育实现更高质量的发展。

三、高校育人机制创新是实现育人目标的必然选择

教育活动的核心使命在于育人，这是教育的根本价值和本质要求。在高校教育中，以人为本的理念应当贯穿始终，视学生为教育活动的主体，尊重他们的发展规律。通过组织和开展多元化的教育活动，我们应对学生的知识结构、思想品德、能力素质等多方面进行教育和培养，以提升他们的综合素质和可持续发展的能力，最终将学生培养成为德智体美劳全面发展的社会主义建设者和接班人。

在新的时代背景下，我国高等教育的质量问题日益受到社会各界的广泛关注。培养高素质人才作为高校落实立德树人根本任务、为党为国育人才的首要任务，对创新育人机制的需求日益凸显。只有通过不断创新育人机制，我们才能真正提高育人质量，这已成为时代的呼唤、人民的期盼，也是加强国家实力和改善民生的重要内容，更是全面深化改革、全面建设社会主义现代化强国的重要环节。因此，基于高校育人目标这一层面的思考，高校育人机制创新也应主要围绕这两个方面展开。

（一）高校育人机制创新与大学生的全面发展

高校育人的核心目标之一是致力于将大学生培养成为"德、智、体、美、劳"全面发展的人才。然而，在不同的历史阶段，这五个方面的具体内涵可能会因社会、文化、教育等因素的变化而发生一定的变化。虽然其本质未变，但这些差异不容忽视。作为教育者，我们需要敏锐地认识到这些差异和变化以及它们所产生的影响。因此，高校需要持续创新其育人机制，确保教育内容与学生全面发展的需求相符，真正实现学生的全面发展。这意味着高校应不断调整教育理念和方法，关注时代变迁对"德、智、体、美、劳"五个方面的新要求，为学生提供更为全面的成长环境和机会。

（二）高校育人机制创新与社会人才需求变化

当今社会正处于快速变革的时代，互联网＋时代与智能技术的飞速发展改变了生产方式，而生产方式的变革决定了社会对人才的需求，进而影响了教育的培养方式。作为主要的人才培养场所，学校在新时代经历了教育理念、目标、形式和内容的全面变化。为了实现新的培养目标，满足社会对人才的需求，学校必须进行相应的变革和创新。在这个变革和创新的过程中，育人机制创新成为高校必须关注的一个方向，这也是产教融合与社会服务双轨育人机制的源起。作为高校机制创新的一种形式，产教融合与社会服务双轨育人在培养适应新时代需求，具备实际应用能力人才方面做出了贡献。

第二节 产教融合与社会服务双轨育人机制的提出

产教融合与社会服务双轨育人是高校育人机制的创新形式，旨在实现产业和教育的深度融合，通过实践社会服务的培养方式，培养具备社会责任感、实践能力和创新精神的高素质人才。该机制旨在通过学校与企业的深度合作、政府与社会的协同配合，实现人才培养、社会服务、科技创新的有机结合，以适应和引领经济社会发展的新趋势。

一、产教融合与社会服务双轨育人机制的理论依据

（一）协同论

产教融合与社会服务双轨育人机制以协同理论为基础发展而来。要理解双轨育人，首先需要了解协同理论。协同理论最初由赫尔曼·哈肯提出，指在开放系统中，系统与外部环境交换能量和物质时，通过内部协同相互作用呈现有序结构。协同性决定了整个系统的整体效果，协同性越强，系统的作用越大。因此，各子系统之间的协同关系对整个系统的秩序性和作用发挥至关重要。

高校育人系统是由多个子系统构成的，子系统之间的协同效应至关重要，对达到最佳效果起着关键作用。产教融合与社会服务双轨育人机制以人才培养为核心目标，通过各育人主体在协作系统中的共享资源、积聚能量和有效互动，实现协同效应。产教融合体现了产业与教育机构的深度合作，而社会服务则体现了学校教育与社会服务相互交融的双轨模式。在这一机制下，各育人主体共同合作，形成协同效应，大大提升了高校育人工作的效果。

（二）系统论

系统论是产教融合与社会服务双轨育人机制的重要理论支柱。系统论认为，系统是由若干要素构成的整体，通过分析系统的构造、特点、行为以及各要素之间的相互关系，我们可以对整个系统的一般模式、结构和规律形成更深入的认知。系统思想源远流长，但作为一门科学的系统论是由美籍奥地利人、理论生物学家 L.V.贝塔朗菲在 1932 年发表的"抗体系统论"中首次提出的。随后，他在 1937 年提出了"一般系统论原理"，奠定了这门科学的理论基础。系统论的核心思想是系统的整体观，即任何系统都是一个有机的整体，其组成部分并不是简单相加在一起，而是各自处于一定的位置并发挥特定的作用。同时，各组成部分相互联系，共同构成了一个有机整体。同样地，产教融合与社会服务双轨育人也是一个有机的整体，其各组成部分协同互动，共同为高校育人目标的实现而服务。

二、产教融合与社会服务双轨育人机制构建原则

构建产教融合与社会服务双轨育人机制的目的，在于促进各子系统之间的相互协调与相互促进，以便更有效地推动高校育人目标的实现。在构建双轨育人机制时，必须遵循一定的原则，而不能随意设计和推行。

（一）导向性原则

产教融合与社会服务双轨育人机制的导向性原则主要体现在政治导向和实践导向两个方面。政治导向要求双轨育人策略与我国社会主义社会的指导思想、主流意识以及发展要求相一致，以国家发展为大方向，确保双轨育人机制的正确性。实践导向强调将实践育人融入双轨育人机制的构建中，认为课堂育人和实践育人是相互促进、相辅相成的关系。双轨育人机制的实施需要在理论认知层面提高认识的同时，充分发挥实践育人的作用，以协同理论和实践提高双轨育人的成效。

（二）中心性原则

中心性原则是指在构建产教融合与社会服务双轨育人机制时，应以学生的全面发展为中心。这也是高校育人的重要目标。中心性体现在两个方面：充分发挥学生的主体作用和尊重学生的发展规律。学生在高校育人活动中是主体，唯有真正激发其主观能动性、积极参与育人活动，方可获得更佳效果。在双轨育人模式中，无论采用何种方式协同、协同哪些主体，学生始终都应该是教育的中心。另外，学生存在着个体差异，每个学生都有自身的发展规律，教师应尊重这些规律，并将其与社会发展和教育发展的阶段性、规律性结合起来，以确保每个学生都能够获得良好的发展。

（三）动态性原则

产教融合与社会服务双轨育人机制并非静止不变，而是需要随着外部和内部环境的变化而灵活调整。因此，双轨育人机制的构建应该符合动态性原则。高校本身具有开放性，而协同理论中的系统也是开放的，在发展过程中

始终与外部进行能量交换。因而，外部环境的变化会影响系统，并导致系统的变化。而这种系统的变化既有积极性也有消极性因素，高校应遵循动态性原则，在面对社会环境中的消极因素时保持警觉，甄别并尽可能避免其影响，以确保双轨育人机制持续朝着正确的方向进行动态创新和变化。

三、产教融合与社会服务双轨育人机制构建方向

（一）加强人员之间的协同

产教融合与社会服务双轨育人机制的核心在于人，因此其构建应以人为基础，实现多元主体协同，真正实现全员育人。实现这一目标需要通过个体要素建设和群体关系要素建设来促进人员之间的协同。个体应增强对自身角色的认知，发挥个体作用，为人员之间的协同合作打下基础。

1.个体要素建设

（1）管理主体

管理主体主要指党政干部和共青团干部。党政干部在协同育人工作中扮演领导角色，从宏观角度指导协同育人工作，而共青团干部则是配合党政干部工作的重要角色。作为管理主体，他们应尊重其他参与者的参与权和知情权，确保每个参与者都认识到自身的价值，以调动各人员的积极性，促进协同合作。

（2）实施主体

实施主体主要指的是班主任、辅导员和任课教师。无论是在课堂上通过教学活动的方式，还是在校外实践中，班主任、辅导员和任课教师都扮演着实施主体的角色，负责活动的策划和执行。在此过程中，实施主体应遵循管理主体所确定的育人方案，同时重视学生的主体性，尊重学生的发展规律，以确保学生能够获得良好的发展。

（3）接受主体

学生作为接受主体，主要在于对教师组织的接受程度。同时，学生也是实践主体，在实施主体（班主任、辅导员、任课教师）的引导下，积极参与

育人活动，通过自身的参与和实践，提升综合素质和综合能力。

（4）支持主体

支持主体主要是指学校的财务人员、后勤人员等。虽然他们并不直接参与高校的育人活动，但是他们为高校育人活动的顺利进行提供了基本的支持和保障。因此，在高校人员协同的系统中，支持主体也是一个不可或缺的组成要素。

2.群体要素建设

在现实社会中，人类并非孤立存在，而是相互关联、互相影响，形成稳定的社会关系。在双轨育人机制中，各参与者同样不是孤立的，他们之间存在紧密的联系。加强人员协同的目的是为了进一步突显这种联系，通过群体协同提高高校育人的效果。为了促进各参与者之间的协作，在群体要素建设中至少要做到两点：

一是建立一致的目标。在高校育人体系中，不同的人员都有自己的"子目标"。在此基础上，各参与者应该建立一个共同的目标，以促进各参与者之间的共识和价值认同，进而实现行动的一致性。

二是确立公共规范。在双轨育人机制中，各参与者都会参与其中。为了约束各参与人员的行为，需要确立公共规范，以保障双轨育人体系的有序运行。

（二）加强部门之间的协同

各部门协同是实现高校双轨育人工作的宏观要求。为确保有效的部门协同，各部门应充分发挥各自的职能，并形成和谐的协作关系，最终构建一个系统的部门协同育人体系。

1.发挥各部门的职能

在高校育人工作中，各部门根据自身的职责和功能，扮演着不同的角色。党务群团部门作为核心部门，主要发挥管理职能，负责高校育人工作的宏观管理和指导。各学院作为高校育人工作的主要执行者，承担着思想工作和育人工作的具体实施。各部门在高校育人工作中都不可或缺，只有充分发挥各自的职能，才能更好地推动各部门协同工作的进展。

2.形成通力协作的关系

尽管高校各部门的职责和功能不同，但它们之间是相互联系、相互配合的。只有各部门间形成通力协作的关系，才能更好地发挥各自的职能，推动高校育人目标的实现。为了促进高校各部门间的协作，至少应做到以下两点。

（1）各部门确立一致的目标

尽管各部门在高校内有着不同的职能和目标，但共同的总体目标是推动学生全面发展。为了更好地协同合作，有必要进一步明确这个共同目标，以促使各部门形成一致思维，齐心协力，共同朝着这个目标努力。

（2）制定部门双轨育人的制度规范

为有效推动育人工作，高校可借助激励与处罚等制度手段，激发各部门参与的积极性，并同时着重培养团队协作意识，以确保各部门间有效协同开展育人工作。

3.综合机制建设

高校综合机制的建设旨在优化部门间协同，包括领导、监督和评估机制。领导机制确保双轨育人工作方向正确，监督机制加强对部门的监督推进职能发挥和协作，评估机制对双轨育人效果评估并调整，推动机制不断完善。这些机制的强化促进了双轨育人工作的有序、有效进行。

（三）加强平台之间的协同

在高等教育工作中，课堂作为重要的教育平台，是培养学生综合能力与素质的主要场所。除了传统的课堂教学，社会实践作为第二课堂，也扮演着举足轻重的角色。因此，促进第一课堂与第二课堂的协同发展至关重要。关于第一课堂和第二课堂的概念及其结合的重要性，已有前文进行了详细阐述，在此不再赘述。

在信息化时代，基于第一课堂和第二课堂的协同基础上，我们还应该将网络平台视为第三课堂，使其与第一课堂、第二课堂相互配合，形成"三课堂"的协作联动机制。通过这种模式，我们可以更好地推动高校育人工作的开展，共同促进学生的全面发展。

在双轨育人体系中，第一课堂、第二课堂、第三课堂各自具有独特的作用，各平台应充分发挥自身优势，相互协作，优势互补，以共同推动高校育人目标的实现。

第一课堂是教育者和受教育者进行社会化和个性化互动的主要场所。教师应根据育人要求，通过课堂教学和课堂互动，实现互教性和自教性的统一。学生应在教师的引导下，通过自身的自主探究，获得综合素养和综合能力的提升。

第二课堂是对第一课堂的补充。通过社会实践活动，不仅有助于学生深化课堂所学知识，同时还有助于丰富学生的社会经验，促进学生综合能力的提升。

第三课堂是对线下课堂的补充。互联网具有开放性和共享性的特点，能够打破时空限制，同时还具有丰富的育人资源。它对于提升育人工作的成效具有非常积极的促进作用。

在教育体系中，无论是第一课堂、第二课堂，还是第三课堂，均存在一定的短板。根据木桶理论，短板的存在会对整个教育系统的功能发挥产生影响。因此，弥补课堂短板是必要的。实际上，第一课堂和第二课堂的协同是为了弥补各自的不足，通过课上和课下的联动，产生 1+1>2 的效果。而互联网平台作为第三课堂，能够在一定程度上弥补线下课堂的不足，两者协同作用能够产生 1+1+1>3 的效果。为了促进各育人平台的协作，应该做到以下两点：

首先，课上课下和网上网下协同育人应该以一致的目标为导向，即围绕学生全面发展的目标。应明确三个课堂之间的关系，并促使它们形成互补的关系，而非相互制约。

其次，三个课堂的协同应该遵循一定的制度规范。尤其要加强网络课堂的监督和约束，这样有助于发挥三个课堂各自的优势作用，促进三个课堂之间的优势互补。

综上所述，构建和运行产教融合与社会服务双轨育人机制需要学校、企业、政府和社会的深度参与及协同努力。通过实现人才培养和社会服务的目标，可以推动产业和教育的发展，为社会进步做出更大的贡献。

第四章 双轨育人视角下产教融合概述

从国内外职业教育实践来看,产教融合是职业教育的基本办学模式,也是职业教育发展的本质要求。作为一种新型的教育模式,产教融合强调产业与教育的合作融通,学校和企业联合在人才培养、科学研究、科技服务等方面协同合作,促进教育链、人才链与创新链、产业链的有机衔接,实现教育与产业同频共振、学校和企业共赢发展。作为产教融合与社会服务双轨育人机制的一部分,产教融合突显了产业和教育的相互依存关系,以及双方在人才培养、社会服务等方面的互补性,不仅推动了教育事业的可持续发展,还为社会提供了更为符合实际需求的人才。

第一节 产教融合概念的提出

一、产教融合概念

产教融合在国内尚未有统一的定义,但结合众多学者的核心思想,可以理解为产教融合是一种教育与社会经济生产实践及社会服务紧密合作的过程。这种合作方式将教育与生产劳动相结合,运用于职业教育实践中。

不同学者对产教融合的定义虽有所不同,但却对其内涵有着相似的理解,都强调产教融合不是校企合作的简单升级,而是拓展职业教育社会服务职能的现实路径,是职业教育高质量发展的必然选择。

产教融合是企业与学校在人才培养、技术创新等方面相互合作,以实现资源共享、优势互补和共同发展的目标。这种融合包括两个方面的内容:一是教育教学过程与生产工作过程的融合，这是在育人方式上的融合；二是教育教学内容与生产技术技能的融合，这是在育人内容上的融合。

在微观层面上，产教融合可以理解为一种人才培养模式，这种模式实现了企业生产活动与学校教学活动的对接与融合。而在宏观层面上，产教融合则被视为一种将产业体系与学校教育体系紧密结合的人才培养模式。就是说，产教融合是产业系统和教育系统整合形成的有机整体，通过教育部门（主要是高校）和产业部门（行业、企业）的充分合作，以服务经济转型和满足社会需求为出发点，以校企合作、项目合作、技术合作、技术转让等为手段，通过文化融合等方式优化组合，形成产业、教育等各要素高度融合的支撑体系，以实现协同教育、合作共赢。这种模式促进了经济和教育活动的有效配合，为社会培养更具实践能力和适应性的人才提供了有力支持。

相对于微观层面对产教融合概念的认知，宏观层面对产教融合的认知已经提升到一个新高度，不仅涵盖了企业和学校，还拓展到了行业协会、教育部门、科技部门以及科研学术机构等更广泛的领域。这种更全面的认知有助于更深刻地理解产教融合的内涵和实践，从而更好地推动经济和教育的发展。

二、产教融合的理论基础

（一）人力资本理论

人力资本理论起源于经济学研究，受到西方马克思主义关于资本的概念的启发。相较于物质资本理论，人力资本理论指的是体现在个体的人身上的资本，包括生产知识、劳动技能、工作管理等从事生产工作的能力。这些能力是通过生产培训、职业指导等培训实现的。1960 年，美国经济学家西奥多·舒尔茨在《人力资本的投资》中提出，人力资本是对生产者进行普通教育、职业培训等的支出和其接受教育的机会成本等价值在生产者身上的凝结。教育在人力资本形成和积累中的价值体现为人才的质量和素质。各级各类的学校教育是当前人力资本投资的主要形式，教育支出和教育资本是人力资本理论研究的核心。

（二）杜威实用主义教育理论

约翰·杜威是一位知名的心理学家和教育家，他提出了实用主义教育理论，对教育的目标、核心和教学方式进行了详尽的阐述。这一理论影响深远，不仅影响了美国教育体系，也对全球教育产生了革命性的影响。

杜威的实用主义教育理论主要包含三个方面：一是教育即生活，意味着教育与日常生活紧密相连，就像鱼和水的关系一样。二是教育即生长，强调教育的目的在于培养和提高受教育者的能力水平。三是教育即经验的重组与改造，强调最佳的教育方法是通过实践来实现个体的发展和成长。

（三）教育与生产劳动相结合的理论

工业革命是人类社会发展的重要推动力，对传统生产劳动方式带来了巨大变革，也提出了更高的职业素质需求。在这种背景下，教育与劳动生产之间的联系变得更加明显。著名社会学家马克思在深入研究现代劳动生产后，提出了教育应与生产劳动相结合的理念。他指出工业革命带来技术变革，引领现代工业的兴起，而工业劳动者需要更高的专业技能来适应这种发展。马克思认为传统的经验学习方式已不足以满足工业技术人才的需求，劳动者需要更系统全面的教育来提高综合素质，因此必须充分结合教育与劳动实践过程。为了在高等教育产教融合的人才培养过程中准确理解教育与劳动生产之间的关系，需要激发双方的优势资源，协调整合职业教育模式，并建立高效运行机制，以提升高等教育产教融合带来的效益。

第二节　产教融合的基本内涵

"产教融合"中的"产"指的是产业，而"教"则代表教育，教育与产业分别是社会再生产链中的一个部门，各自发挥不同的功能，承担不同的社会责任，同时又相辅相成、协同合作，并与其他部门一起共同推进社会再生产的协调有序发展。

一、产教融合的思想内涵

（一）学以致用

"学以致用"从"学"和"用"两个方面理解，强调学习的目的是为了能够灵活运用所学知识和技能。这一理念不仅有助于深化对知识的理解，还确保了知识与技能的实际应用和熟练运用。实用主义思想贯穿其中，体现了"手脑并用"与"做学合一"的理念。与此同时，这一观念与产教融合的核心思想相契合，不仅指导着职业教育人才培养目标的实现，也贯穿于职业教育的办学模式与教学过程的各个层面。在职业教育中，产教融合必须注重学以致用，而学以致用也充分体现了产教融合的内涵。

（二）做学合一

做学合一源于黄炎培的职业教育理念。在中国古代，教育先贤早已提出了一些通用的教育方法，例如因材施教、循序渐进等。这些方法在黄炎培所倡导的教学原则中得到了体现。黄炎培不仅继承和发扬了古人提出并实践过的有效教学原则，而且在职业教育方面，他创新性地提出了"手脑并用"和"做学合一"的教学方法。

黄炎培先生主张职业教育应具备三个目的：一是满足个人谋生需求，二是增进社会福祉，三是为个人未来的发展做好准备。无论职业教育旨在实现哪个目标，培养学生的基本技能都是必不可少的。根据心理学原理，技能的习得离不开大量的练习。在练习过程中，动脑与动手相结合是至关重要的，因为动脑能够指导行为的方向和过程的精准度，而动手则是技能的外在表现形式。因此，职业教育的教学应注重手脑并用，让学生在实践中学习，在实践中提高认知能力和感知能力。在职业教育中，应遵循"双手万能"和"手脑并用"的教学原则，这意味着在教学过程中，我们应随时随地结合手与脑的使用，这一方法既适用于课堂教学，也适用于实训室的实践操作，还可应用于顶岗实习。

（三）校企一体

自 1913 年首次提出职业教育以来，黄炎培通过创立中华职业教育社、开办中华职业学校以及对美国、日本、菲律宾等国的考察，逐步形成了产教融合的思想。

1.学校建工场

黄炎培所倡导的学校设立工场的教学方式代表了典型的产教融合模式。这种教学方式使学习与生产直接相关，生产过程成为学习过程，教室与工场合二为一，学生与工人、教员与师傅融为一体，真正实现了"做中学、学中做""做学合一"的理念，充分体现了产教融合的思想。

2.企业文化融入校园文化

中华职业学校在黄炎培的领导下，通过在教室悬挂"劳工神圣"大字匾、以双手为标志的校徽和工场产品商标，树立"双手万能"理念，着重培养学生的劳动意识和劳动能力。通过在五一国际劳动节举办集会等活动，将劳动观念融入校园文化，形成了深刻的企业文化。学校建立工厂，将企业文化与校园文化深度融合，实现了学校与企业的协同发展。这种校中厂、厂中校的模式是百年前的成功创举，为当前职业教育提供了有益的经验和范例。

黄炎培曾多次出国考察。在考察过程中，重点关注国外教育尤其是职业教育的发展情况，并根据考察情况重点梳理了实业教育以及职业课程的现状与感悟，强调教育与产业的紧密结合、学校与企业之间的深度融合。这不仅体现了黄炎培对于职业教育发展的深刻见解，也为后来的职业教育发展提供了重要的指导思想，对于构建产教融合、育训结合、普职融通、多级贯通的中国特色现代职教体系具有重要意义。

二、产教融合的实践内涵

（一）校企共建人才培养的互动机制

产教融合的首要条件是校企之间通过契约合作建立战略联盟。学校在选择合作伙伴时应慎重考虑，倾向选择行业领军企业或骨干企业作为合作伙伴，并确保合作企业对教育有热情，愿意投入资金进行人才培养。这是建立战略联盟的基础条件。只有建立利益共享、风险共担的教育机制，合作才能成功，这对产教融合应用型人才培养有着长远的促进作用。同时，高校和企业应建立产学结合的治理机构，确立互动机制，明确互动的内容和方式，以促进全面合作。

（二）校企共同制定人才培养方案

产教融合的关键在于明确培养目标和方案。将"应用才培养"作为核心，其中的"应用"应源于社会需求与企业需求的结合。在制定人才培养目标时，应深度分析区域经济和产业发展对行业人才的需求，同时结合学校自身特点，突出优势，明确定位，并与企业共同商定目标方案，确保人才培养与行业需求的密切结合。这是产教融合的起点，为有效育人提供了战略性基础。

（三）校企共同进行课程建设

课程是产教融合应用型人才培养的核心。在产教融合一体化培养过程中，需根据人才培养目标和所需知识、能力、素质，结合学科前沿和社会需求，认真分析课程体系和内容，构建以学科理论为基础、以工业企业应用能力建设课程为核心、人文培训课程为呼应的优质课程体系。在体系建设中，以行业规范、行业标准、岗位技能为主要内容，开发具有院校特色的应用型课程，使教学内容与企业项目相适应，实现教与学的融合，达到学与做的统一，培养学生的综合素质。

（四）校企共同建设实践平台

产教融合应用型人才培养强调真实的教学环境，通过实践教学模拟职业场景，让学生在实践中学习，使教学与实际工作相衔接，以促使学生毕业即能顺利就业。实践教学平台主要包括校内和校外两部分。校外实践平台依托合作企业和行业领军企业，对学生开放，让他们亲身体验行业企业文化和先进技术。通过引入优质实践教学资源，共同建设校内实践教学平台，并提供企业技术资料作为教学案例，实现校企资源的互利共享。通过校企共建实践平台，培养学生的知识、技能和态度，促进职业能力的形成。

第三节　产教融合的功能定位及作用

一、产教融合的功能定位

产教融合的核心内涵在于将产业和教育融为一体，实现校企互动，但其主线仍然是教育性质的。在合作关系中，各利益共同体之间体现相互包容、优势互补、利益互惠的原则。产教融合的关键是平衡"服务"与"培养"，强调协同育人、协同创新、创业教育、产业调研以及成果转化等核心功能。这样的平衡和强调确保了合作关系的稳健发展，实现了双方的共赢。

（一）协同育人的教育体系

产教融合的主要目的和中心任务是培养人才，因此，育人是其核心。作为一种教育体系，产教融合以开放跨界为特色，通过院校、政府、行业企业、科研机构等的多方联动，以政产学研市立体协同推进为实施手段，变革高职人才培养模式，强调培养学生的职业素养，把人才培养贯穿于教学、生产实践创新研发和应用服务的全过程，适应经济发展的新需要。

（二）创业教育的载体

产教融合在本质上是创业创新的有效载体。这一模式鼓励并引导师生参与创业创新实践，将创业与专业、科技、区域产业、政府导向相结合，从而提升他们的创业知识、经验、创业意识、创业能力、科技知识和创新能力。创业成效成为这一平台的重要功能，通过这个载体形成完整的创业实践教育体系，提升学生的创业就业能力。

（三）资源共享的平台

产教融合与校企一体化成功融合了大量企业和相关行业，通过政产学研市的联动机制，深入了解整个行业和主要企业的现状、问题以及发展趋势。这一过程为政府、行业、企业提供了咨询建议，为高校提供了人力需求报告，同时也为科研机构提供了产业需求的一手资料，形成了一个全方位的信息互动和资源共享的平台。

（四）成果转化的土壤

长期以来，产学研成果转化率低的问题凸显。这主要是因为成果转化和技术转移需要特定的创新体系和组织制度环境，而仅仅依赖企业和大学两个轮子是无法有效推动区域创新经济发展的。必须借助政产学研市的一体化，为技术转移和成果转化提供合适的土壤，促使技术知识或成果在不同利益主体之间传递，从而提高成果的转化效率。

二、产教融合的积极作用

（一）推动专业定位和专业建设

企业与高校的紧密合作对于适应社会发展变化至关重要。企业需要迅速了解并传达人才需求标准给高校，以便后者及时调整专业定位，以适应时代发展。目前，我国职业教育主要以职业学校为主导，侧重于培养初入职的技术技能人才。然而，企业在人才的正规职业准备教育方面相对脱节，这导致高校对于产教融合、校企合作共同培养人才和开展研发的需求迫切，但实施过程中遇到了不少困难。企业拥有丰富的技术人才资源，对行业人才需求有清晰认识，能够为高校的专业定位和学科发展提供重要指导。

首先，产教融合通过与企业深度对接，使学校更加了解行业的实际需求，能够更精准地定位专业方向。学校可以根据行业趋势、技术发展等因素，灵活调整专业设置，确保所设专业紧贴市场需求，使学生毕业后更具竞争力。这种精准的专业定位有助于满足社会对各行业人才的需求，为学生提供更广阔的职业发展空间。

其次，产教融合通过实际合作项目的开展，使专业建设更加贴合实际工作场景。学生能够通过参与企业项目、实习等方式，深度了解行业运作，培养实际操作能力。同时，学校可以借助企业资源，引入先进的实践技术和方法，提高专业教育的实用性和前瞻性。这有助于使专业建设更加符合产业发展趋势，确保学生毕业后能够迅速适应和贡献于行业。

最后，产教融合激发了校企间的创新合作，推动了专业建设的升级。学校与企业可以共同开展科研项目、技术研发等活动，促进双方资源的共享与交流。这种合作不仅有助于专业课程的更新升级，还能够培养更具创新精神和实践能力的专业人才，推动产业和教育的双向发展。

综合来看，产教融合为专业定位和专业建设注入了新的活力，使学校更具敏锐的洞察力和灵活性，为培养适应未来社会需求的专业人才奠定了坚实基础。

（二）提高教师的社会服务能力

尽管大多数高校教师拥有丰富的理论知识，但缺乏项目经验，实践技能相对欠缺。通过深度的产教融合可以提高教师队伍的水平。

第一，产教融合使教师更加贴近产业前沿。通过与企业的深度合作，教师能够更及时地了解行业的最新动态、技术进展以及职业发展趋势。这种亲密联系有助于教师深化对行业的理解，从而提高他们的专业素养和实践水平。

第二，与企业合作让教师更好地理解社会需求。产教融合中的教师直接参与了社会实践，深度了解了学生所要面临的工作环境和挑战。这使得教师能够更精准地调整教学内容，更好地培养学生的实际应用能力，使他们毕业后更好地适应社会要求。

第三，教师在产教融合中的参与，使其具备更强的团队协作和沟通能力。在与企业、行业专业人士的合作中，教师需要与不同背景的专业人员进行深入交流，推动项目的开展。这培养了教师的协作能力，提升了他们在社会服务中的综合素质。

第四，教师深入企业实践并获得专业技能后，结合其丰富的理论知识，能够提出创新性的想法，帮助企业解决实际问题。

（三）推动"致用"课程建设

课程体系是学科发展的重要基础，企业岗位的各项技能都需要通过课程体系来实现，通过相应的课程来培养对应的岗位技能。"致用"课程建设着眼于培养学生的实际操作能力和解决问题的能力，将理论知识与实际应用有机融合。产教融合为"致用"课程建设提供了有力支持。首先，产业界的专业需求和实际问题能够直接渗透到课程设置中，确保学生学到的知识具有实际应用的价值。其次，通过与企业合作，学校可以提供更多实践机会，如实习、项目合作等，让学生在真实场景中运用所学知识，锻炼实际操作技能。

在推动"致用"课程建设中，学校和企业应建立密切的合作关系。学校可以邀请企业专业人士参与课程设计，确保课程内容贴近实际工作需要。同时，学校还可以开展产学研一体化的项目，通过联合研发解决实际问题，促进教学与产业的深度融合。

产教融合推动"致用"课程建设的核心理念是通过紧密合作，实现产业需求与教育目标的高度契合。这样的课程体系不仅能够更好地满足社会对人才的需求，也能够培养更具实际能力的专业人才，推动产业发展和社会进步的良性循环。

（四）推动大学生就业

产教融合通过学校与企业的深度合作，将教育与产业需求有机结合，为大学生提供了更多就业机会和更好的职业发展平台，对于推动大学生就业具有重要意义。

首先，产教融合通过建立产业与学术的紧密联系，使教育更加贴近市场需求。学校可以根据企业的实际用人需求调整专业设置和课程体系，确保毕业生具备符合行业标准的专业技能。这种紧密对接有助于大学生在毕业后更快速地适应职业环境，提高他们的就业竞争力。

其次，产教融合提供了更多实践机会，使大学生能够在在校期间积累实际工作经验。通过实习、项目合作等方式，学生可以在真实的工作场景中应用所学知识，培养实际操作能力和团队协作意识。这不仅有助于提升大学生的职业素养，还为他们顺利进入职场打下坚实基础。

此外，通过与企业建立校企合作项目，学校可以为大学生提供更多的就业渠道。企业更容易发现并吸纳具备实际工作能力的毕业生，而大学生也能够更直接地了解行业情况，选择更适合自己发展的方向。这种直接的沟通与合作有助于打破信息壁垒，提高双方的匹配度。

综合而言，产教融合模式为大学生就业搭建了桥梁，促使教育与实际用人需求更加紧密结合。这种紧密的合作关系有助于提高大学生的职业竞争力，为他们顺利融入社会、实现自身职业发展提供了有力支持。

第五章 双轨育人视角下我国产教融合育人现状

我国经济需要实体经济的支持,这需要大量的专业技术人才和大国工匠。因此,职业教育具有重要作用。最近几年,政府陆续发布了一系列文件和政策,以推动和深化高职院校的产教融合和校企合作,进一步强调了职业教育的战略地位,旨在构建一个以就业为导向、体现终身教育理念、服务全体人民的现代职业教育体系,从而培养高素质的产业人才,为实现全面建设社会主义现代化国家提供有力支持。在此背景下,产教融合与社会服务双轨育人机制应运而生,为大学生提供了更全面的成长空间。在双轨育人框架下,通过推动产教融合、拓展社会服务领域、加强职业规划辅导等对策,培养更具实际操作能力和社会责任感的优秀大学生,以更好地适应未来职业发展的需要。

第一节 我国产教融合的发展现状

近年来,我国职业教育迎来"黄金时期",形成了纵向贯通、横向融通的现代职业教育体系,迈入了提质培优、增值赋能的高质量发展新阶段,培养了一大批支撑经济社会发展的技术技能人才。但与此同时,管理体制不够顺畅、产教融合不够深入、"双师型"教师队伍相对薄弱、职业教育"天花板"尚未完全打破等问题也较为突出,成为阻碍产教深层次融合的瓶颈,具体表现如下。

一、产教融合校企合作理念未落到实处

产教融合人才培养模式能够培养应用型人才，实现高校和企业互利共赢这一理念虽然被很多企业和高校所接受，但是在具体实施中，由于各方利益的诉求不同，以致目前产教融合在人才培养方面仍然存在很多问题。

（一）企业的趋利本质

一方面，产教融合人才培养模式由于其长期性的特点，无法迅速给企业带来显著的效益，因此，产教融合的互利共赢基础显得较为薄弱。这导致产教融合人才培养理念难以深入人心，学校与企业之间的协作关系也显得不够默契。要改变这种观念，我们需要让企业认识到产教融合人才培养的利益本质，并强调在人才培养方案中，"产"与"教"是平等的。企业和高校都应该是这个过程的主体。然而，由于企业的目标是追求利润，它会在法律范围内追求经济利益的最大化。这使得产教融合人才培养理念难以在企业中深入落地。企业的这种趋利性，与产教融合需要较长时间才能显现回报的特性形成了矛盾。当然，企业追求投入少、周期短、回报率高是可以理解的，但产教融合人才培养计划的周期长和效果慢是无法改变的事实。如何解决这两者之间的矛盾，以更好地推动产教融合，是我们需要深入探讨的问题。

另一方面，在我国市场经济环境中，企业在谋求自身发展的同时，还需承担社会责任。为了降低用人成本，一些企业会选择在社会范围内招聘，不愿在产教融合人才培养上投入更多资源和成本。然而，这种做法并不利于企业的长久发展。因此，企业需要改变对产教融合人才培养理念的偏见，积极参与到产教融合人才培养中，并主动承担起社会责任。

（二）高校融合理念存在偏差

一方面，高校在选择合作企业时，往往倾向于与国有企业和大型企业合作，忽视或轻视小型企业和私人企业。这种片面的融合理念，不利于产教融合的人才培养，暴露出高校在产教融合理念上的偏颇和"眼高手低"。如果高校不能及时转变这种错误的观念，就无法实现企业和学校的双赢，这也是

产教结合人才培养理念深度不够的体现之一。如果高校只关注与大企业的合作，而忽视小企业，最终将导致企业陷入困境，甚至影响学校的未来发展。

另一方面，有些高校在推进产教融合时，错误地将产教融合仅仅理解为解决学生的实习或就业问题，而没有认识到企业在产教融合过程中的重要作用。他们在考虑问题时往往更关注自身的利益，而没有充分考虑到企业和学校在产教融合人才培养方面需要共同努力。

二、产教融合政策执行不到位

（一）政策执行的表面化

尽管国家在职业教育的发展中积极推进产教融合，并发布了一系列政策文件，但在实际执行过程中，由于缺乏针对职业教育特点和规律的具体措施，导致政策预设的目标未能充分实现。过去，产教融合作为一种满足不同用人单位需求的应用型人才的培养模式，深受企业欢迎。虽然《国务院办公厅关于深化产教融合的若干意见》（国办发〔2017〕95 号）文件中强调了企业的重要主体作用，但在实际操作中，由于缺乏具体的政策规划和制度保障，企业在参与"引企入教"的改革中存在许多困难。政策的内容不完善，操作性不强，导致企业不知道如何持续参与产教融合，从而使政策的执行流于表面化，没有充分发挥出政策的效力。

（二）政策执行的附加

产教融合政策的附加性指的是在执行过程中，执行方为了自身利益，添加了一些原有政策未包含的内容，并纳入了执行计划，使得原政策执行中涉及了一些不适当的额外条件和成分。这种行为严重损害了原有政策的真实目标，破坏了政策的权威性，同时也违背了职业教育的发展规律，对职业教育的整体形象和质量产生了负面影响。

（三）政策执行的偏离

产教融合政策执行的偏离是指政策执行主体正面响应落实国家政策的号召，但在实际执行过程中，片面采取不合理的措施，违背政策原有的精神与内容，自行其是，导致政策执行的严重"变味""走样"。主要有以下两种表现形式。

一是政策执行的无意偏离，即政策执行主体受政策环境、内容不清晰或执行素质能力限制等因素影响，导致政策无法被常态执行，使执行结果偏离政策目标。教师在职校中存在教学能力不足和对高校人才培养目标理解偏差的问题，导致教学效果不佳。另外，部分政策执行者对办学定位理解不够清晰，执行鼓励教师参与科研工作的政策，导致教师忽视专业教学工作。因此，高校作为产教融合政策执行主体之一，未能充分认识到自身的质量主体地位，导致产教融合一体化育人策略与实践出现了无意偏离，影响了政策执行效果，难以确保院校人才培养的内部质量，违背了政策设定的培养目标。

二是政策执行的有意偏离，即政策执行者基于自身利益考虑，擅自对政策内容进行重新解读，试图违背政策目标与精神，采取不合理的措施，导致政策执行效果与职业教育的目标不相符合。以顶岗实习为例。相关调查显示，大多数学生反映顶岗实习岗位符合专业培养目标要求，且与所学的专业对口或相近，但却存在实习时间较短，工作量较大的问题。高强度的工作状态与短时期的实习时间将学生的"顶岗实习"变成了"顶岗劳动力"，实习质量下降，学生在实习单位只是匆匆走过场，不利于他们的深度沉淀和全面成长。

（四）政策执行的缺损

产教融合政策执行的缺损是指政策执行过程中未能全面贯彻政策指示和要求，仅执行了部分内容或某些方面，导致政策效果打折。比如，在招聘双师型教师的过程中，各高校根据自身发展需求制定了相关方案，但在实际操作中并未完全遵照政策中的指示和要求进行招聘，导致双师型教师队伍的构建达不到预期效果。此外，政府在职业教育办学中扮演着重要角色，但缺乏针对企业参与产教融合政策的激励措施，降低了企业参与的积极性。学院出于统一管理的便利性，要求学生不得在规定的学习年限内提前完成学业，这种机械执行与职业教育发展规律不相符的政策行为，最终会影响人才培养质量。因此，要确保产教融合政策的有效实施，需要政府、高校、行业企业等多方共同努力，任何一方的缺位都会对政策效果产生不利影响。

三、校企协作效率不高

（一）高校改革发展动力不足

尽管国家已经出台了推进高职院校产教融合的相关政策，但在实际发展过程中，高职院校仍然面临着改革发展动力不足的问题。其中，最为突出的是学校发展滞后。在实施产教融合过程中，有些学校存在办学落实不到位、合作办学不顺畅的情况，相关课程和学校制度未能紧跟政策发展步伐，校企之间的配合也欠默契。这些因素均制约了高校改革发展的动力，导致一些学校在面对生源压力时产生惰性。另外，有些学校以联合办学的名义吸引学生报考，承诺学生毕业后可优先选择在合作企业实习就业。这种做法导致学校过于依赖大型企业，这不仅限制了学校的自主发展，还可能影响学生未来的就业选择。当然，学校还可以通过科研经费投入等方式进行人才培养，同时解决学生生源问题。但无论是哪种方式，学校的压力并不足以转化为动力，导致一些学校改革发展动力不足，存在惰性。

（二）企业参与不积极，缺乏双赢意识

产教融合过程中，企业缺乏参与积极性，仅关注实习和就业，而忽视教育和培养。这导致企业和学校配合存在局限，企业从自身角度出发，想要利用低成本达到高利润，不愿意承担隐形开支，对于学生实习也不够用心。这种情况会导致学生能力得不到提升，影响日后入职，并最终影响企业用人成本。因此，企业应提高双赢意识，主动参与到人才培养中。同时，企业和学校在联合办学过程中的权利和义务关系界限不明确，缺乏标准。企业参与主要集中在学生实习和录用等环节，真正参与到理论学习的很少。这容易导致

学生技能方面出现偏差，掌握理论知识但实际操作生疏。企业不参与教学，直接由学校代替企业来进行测验，遵循传统教学模式，失去产教融合人才培养的意义。

四、产教融合育人实践的产业与课程教学体系脱位

本质上讲，企业人才需求和学校人才培养目标是一致的。但从目前产教融合育人实践的情况来看，学校教育和企业人才需求契合度低，甚至有脱节情况发生。具体表现在以下两方面。

（一）企业产教融合参与深度不够

目前，产教融合流程通常是学校培养＋企业实习。然而，企业和学校在产教融合方面的融合度较低，不管是合作形式，还是培养目标，都存在这个问题。这就导致学校培养出来的人才除了综合素质外，通用能力和技术能力等都存在不足，以致学生在入职企业后无法胜任工作。

（二）学校应用型人才培养目标落实不足

高职院校积极响应国家号召，根据职业教育的发展状况及时调整产教融合人才培养目标，这是值得称赞的。然而，在实际实施过程中，很多政策和目标的执行存在问题，没有按照设定的目标严格执行。一些高校提出了新举措但却并未真正贯彻，导致产教融合人才培养无法落实，与企业需求脱节。有些学校过于注重理论知识而忽视实践，另一些则相反。这两种极端情况都是不可取的，与培养应用型人才的目标相悖。

五、教师队伍职业技能较弱

（一）校企合作教学深入度不足

产教融合需要学校与企业之间的密切合作，以实现教育与实践的有机结

合。然而，在实际教学中，学校通常在人才培养方面发挥主导作用。这是因为教师具备丰富的理论知识，并且与学生互动的时间较长。相比之下，企业在这一过程中往往处于较为被动地位，只有在受到学校邀请时，才会派遣管理者或工程师等前来开设讲座或选修课。另外，只有当学校提出要求时，企业才会参与到课程教学中。总体而言，企业很少主动参与人才培养过程。同时，企业也很少邀请学校教师进行参观或交流，因为企业的主要目标是盈利，对于此类活动并不重视。当然，也存在职业学校教师前往企业进行交流的情况，但由于时间限制或其他因素，他们往往难以从中获得直接经验，因此效果并不理想。

（二）教师评价激励机制不完善

在产教融合教学成果评价方面，部分高校的教师考评机制未与产教融合相协调，导致一些教师对产教融合工作缺乏积极性。尤其是对专职教师而言，他们已经适应了传统的教学工作模式，难以适应新的产教融合工作需求。同时，许多高校的绩效考评仍侧重于传统指标，如课时数量、科研论文和比赛获奖，而对学生实践应用能力的量化评估不足。这导致部分教师无法全情投入产教融合工作，也不愿深入企业实践学习。为了更好地促进产教融合，高校需要重新审视和调整教师的考评机制，使之更好地与实际需求相匹配。

在激励方面，很多高校对教师参与产教融合的激励机制不足，降低了教师深入企业实践锻炼的积极性。特别是对于专职教师而言，他们已经投入大量精力于学校日常教学等任务，参与企业锻炼可能会占用私人时间，且并未明显提升其职称评定和薪资待遇。因此，高校需要建立更完善的激励机制，为教师提供更明确的回报，以提高其投入到产教融合工作的积极性。

六、产教融合人才培养的保障不足

（一）政策保障力度滞后

中小企业对产教融合采取观望态度，有些甚至不愿积极参与，这是因为其与高校在产教融合方面的合作不够深入，且缺乏相关政策的鼓励和支持。相较于大型企业，中小企业在实力和规模上存在一定的局限，如资金链短缺、抗风险能力相对较弱，因而，缺乏足够的资源和资金来积极参与产教融合人才培养。而产教融合人才培养是一项需要长期投资的工作，效果不会立即显现，且存在较大的投资风险，收益也无法立即确定。这些因素导致许多中小企业望而却步。此外，国家法律法规并未提供中小企业参与产教融合的明确政策支持，仅出台了指导意见以推动产教融合人才培养工作。在这种市场环境下，许多中小企业因缺乏政策保障而望而却步。目前，我国相对成熟的产教融合人才培养模式仍在不断摸索、完善和发展中。虽然有许多成功案例，但由于这些案例仍需进一步跟进和完善，因此无法成为可资借鉴、可供广泛推广的典型案例。

（二）资金机制支持力度不足

职业教育的经费主要来源于企业、行业组织以及公益团体等多个渠道。这些组织主要通过提供经济支持或购置设备等方式对职业教育院校给予支持。然而，它们对学生培养经费方面的扶持力度相对较弱，仍需国家和政府提供一定的经济投入。各组织对高校的扶持力度尚待加强，尤其在人才培养经费方面，应当提高投入力度。目前，针对产教融合项目的经费申请过程异常复杂，涉及诸多程序和漫长的审批流程，且需要多次提交大量资料，这与产教融合的需求并不匹配。这种情况可能导致企业和高校的合作陷入僵局，从而阻碍了应用型人才的培养进程。

第二节　新时期产教融合面临的挑战

一、新时期产教融合面临的挑战分析

（一）从国家发展、提升国际竞争力的角度

技术迭代和新产业的兴起正在引领千年剧变，推动着社会和职业的快速替代。在这一大背景下，职业教育不仅面临着适应迅速变化的社会环境的挑战，还需要在理论上勇于创新。全球竞争格局的演变要求建立结构性竞争力，而在这其中，职业结构竞争力和利益结构竞争力是职业教育应该着重发展的关键领域。这对于职业教育体系的发展和创新提出了新的要求。

（二）从产业发展的角度

当前，新科技革命和产业变革不断深化，经济增长新旧动能转换加快，内外部环境错综复杂，产业转型升级进入攻坚期。在这个时期，产业变革的目标是实现由大到强的转变和高质量发展，从重"制造链"向重"价值链"聚焦。传统大而全的"分段式"发展将向"产品全生命周期""全链式"延伸和多业交融与协同的方向发展。产业变革的布局将更加注重区域资源优化配置和协调发展方向调整。在产业变革的技术层面，将由纵向提升为主，向"代际更叠"交错与多领域、多门类复加与两化融合发展，智能化成为主攻方向。职业教育只有与新的产业变革体系同频共振，才能迈向高质量、高水平。

（三）从职业教育体系的角度

根据华东师范大学石伟平教授的观点，十九大提出的"完善职业教育和培训体系"实际上是一个整体体系，包括就业前的培养和就业后的继续提升。尽管职业教育能培养合格的人才，但为了培养高技能人才，需要在就业前加强校企合作，关注学生就业技能的培养。而在就业后更需要深化校企合作，注重学生在职业生涯中的全面发展。然而，目前的体系和制度还不够完善，

过多的精力和财力主要集中在就业前的培养上，对就业后的校企合作的重视程度相对较低。为更好地服务人才的全周期发展，需要更注重完善整体职业教育和培训体系。

二、体制机制——仍需要进一步深化改革

面对新挑战，产教融合需要进一步深化体制机制改革。为此，学者们提出以下建议：

首先，要解决当前面临的难题，强化企业与教育的融合，打破产教融合的瓶颈。通过人力资源供给侧改革，为我国的发展提供有力的人才支撑。

其次，政府应扶持行业和社会机构的发展，促进产教双方的紧密衔接。提升行业组织的权威性，建立以行业为主导的职业教育第三方评价机制。同时，将行业调研、行业规划、职业资格标准和技能考核等纳入行业协会的职责范围，支持行业组织开展人才需求预测和教育教学的指导。

最后，要创新机制，保障产教融合相关方的利益，建立长效合作机制。通过优化政策环境、完善治理手段和加强利益共享等方面的措施，推动产教融合的深入发展。

同时，学者们也强调了职业教育在产教融合中的重要作用。职业教育应紧密结合国家战略和经济社会发展的需求，寻找与企业的结合点，实现双方利益的共享和互补。在平衡企业、学校、行业以及个人成长和国家战略之间的利益关系时，要聚焦价值贡献力，激发融合发展的潜力。

三、发展方向——融合数字化、网络化、智能化

新时代面向数字化、网络化、智能化发展的产教融合校企合作，将会是未来职业教育发展的热点。

（一）从企业角度理解

数字化、网络化和智能化的飞速发展对人才需求提出新的挑战和机遇。

在这个背景下，物联网等前沿领域成为职业教育的重要方向。企业需要密切与学校合作，建立聚焦数字化产业的培养体系。这种合作不仅有助于满足企业对高素质人才的需求，也为学生提供了更贴近实际的培训机会。

此外，社会文明正以加速度变化，传统品牌打造变得更为困难，新兴产业迅速崛起。因此，职业教育需要紧跟时代步伐，更注重培养具备创新能力和适应力的人才。在数字化领域，学校和企业的合作应更加深入，推动职业教育体系更好地适应未来的人才需求。

（二）从教育角度理解

从教育的角度出发，以信息化为突破口，实现从教育管理向教育治理的转变，重点提升职业教育现代化水平，推动职业教育的优质、特色发展。换句话说，在新时代背景下，网络学习空间将成为实现校企合作、产教融合的创新途径。学生可以通过网络学习平台获取校外实践机会，与企业进行更为紧密的互动。同时，企业也可以通过这种平台提供实时的行业信息、技术培训等资源，促使学生更好地融入实际工作环境。

第六章　国外产教融合育人模式分析

产教融合、校企合作在国外尤其是在西方经济发达国家十分普及，校企合作、产教融合根据不同国情，从理论到实践都形成了成熟的模式，为助推各国的经济发展起到了重要作用。比如，德国的"双元制"模式、英国的 BTEC 模式、美国的合作教育模式等，对我国的校企合作、产教融合的推进有着非常重要的借鉴意义。

第一节　德国"双元制"模式

作为一个工业化高度发达的国家，德国成功采用了"双元制"职业教育模式，为其经济的迅猛发展培养了大量既具备熟练专业技能又具有较高职业道德水准的优秀技术工人，这被认为是德国经济腾飞的"秘密武器"。

德国"双元制"人才培养模式是企业和学校共同承担培养任务的一种机制。它按照企业对人才的需求组织教学，使学生在企业接受职业技能培训，同时在职业学校接受专业理论和普通文化知识的教育。这一模式强调教育机构与企业的紧密合作，企业和学校共同参与培养学生，企业培训人员与教师共同参与培训。其目标在于充分利用学校和企业各自的条件和优势，实现理论学习与实践操作的有机结合，培养既具备专业理论知识，又能运用所学专业技术解决实际职业问题的高素质人才。

一、德国"双元制"教育的沿革及背景

1969 年，德国政府颁布《职业教育法》，标志着"双元制"作为一个完整培训体系完成了其制度化的过程。20 世纪 70 年代中期，德国经济技术迅速发展，工商业界需要既有深厚理论功底，又有实践技能的高素质人才，由此出现了学校培养与企业培训相结合的高等职业教育，并在联邦政府的资助下，行业协会建立了许多跨企业培训中心；同时，国家职业教育法不断修正完善，双元制职业教育模式进一步发展。1990 年后，第三级教育领域出现了"双元制"的职业学院和专科大学，"双元制"职业教育不断向高等教育领域延伸。

"双元制"职业教育模式在德国得以不断健全、完善，并成功推广应用，主要有以下几个原因。

一是法律制度保障。德国相继颁布了《职业教育法》《企业基本法》《职业教育促进法》等法规，各地方、行业和部门也制定了相关的职业教育规章和实施办法。这些法规明确规定了职业教育的培养目标、专业设置、办学条件、学制、教师培训、考核评估、管理制度等，还建立了完整的监督系统，确保"双元制"职业教育有序发展。

二是历史文化传承。德国人注重实践和经验，对学生的文化基础知识和专业理论知识的掌握同等重视，更关注学生的工作能力和实际操作技能。这与"双元制"职业教育的特点完美契合，为其成功运作提供了有力支持。

三是行业企业重视。长期以来，德国企业高度重视由政府交给的职业培训任务，既是出于企业自身需求，通过参与培训能够快速获得能够为企业服务的技术工人，迅速为企业创造价值；又受益于国家的各项政策和资金支持，企业把职业教育培训看作是自身的责任和义务。这种行业企业背景为"双元制"职业教育提供了稳固的基础，使其得以顺利实施。

二、德国"双元制"模式特点

德国的"双元制"职业教育模式享誉世界，对提高德国劳动者的素质和增强德国经济在全球的持久竞争力起到了关键作用。这种教育模式主要以学

校为主体，以企业为支持，以实践为核心，将学校与工厂、教室与车间、学生与员工、作业与产品紧密结合，实现学校与企业、教师与师傅、学生与徒弟、作业与产品、育人与创收的五合一。具体特点如下。

（一）育人主体双元化

"双元制"中的"一元"指职业学校，另"一元"指企业。在这种模式下，受教育者在职业学校学习文化知识和基础技术理论，在企业接受职业技能和相关专业知识培训。实际上，德国的"双元制"职业教育是从"学徒制"演变而来，这种教育体制具备极强的雇主（企业）属性，学生接受学校教育并不是为了应付某种考试，而是为了将理论知识与实践能力进行融合，确保他们踏入社会后能直接胜任工作岗位，满足企业的生产经营需求。

随着德国工业的不断发展，传统的学徒制已经无法满足企业对人才的需求。因此，德国的双元制职业教育逐渐兴起，这种教育形式使得学校与企业之间的合作更加紧密，教育深度也得到了大幅拓展。双元制高职教育中的企业需要承担实践教学任务，同时与政府部门共同分担职业教育所产生的费用。在实践教育过程中，企业需要提供专职实训教师、专业设备以及生产经营场所等，同时给学生提供充沛的社会保险与生活补贴，给教师提供相应的福利待遇。双元制职业教育的精髓在于突出企业培训和实践技能培训，通过学校和企业的合作，使学生在企业中有的放矢地强化在学校中所学的知识，又能够在企业的实践中接触到学校教学中没有涉及但在实际中非常重要的知识和技能，进而大大缩短学生毕业后进入企业的"适应期"，降低企业的培训成本。

（二）受教育者双元化

受教育者双元化是指在学习内容和身份两个方面的教育培训。其双元制教育模式通过企业、学生和学校的密切协作实现。这一体制要求学生在企业和学校之间灵活转换学习地点，以12周为一个周期进行交替学习。学生在企业实践中提出问题，返回学校进行思考，并且签订《职业教育合同》以拥有在校学生和企业员工的双重身份。这种体制的独特之处在于学校负责理论知识的拓展，企业则解答学生实践中遇到的问题，促使学生全面掌握理论和实践经验。

（三）教师队伍专业化

"双元制"职业教育的教师队伍要求教师具备扎实的实践能力和高水平的理论知识。成为企业内部实训教师，教师需具备高度的专业素养和良好的品格，其学历不得低于所教高职毕业生，且专业理论知识过硬。职业学校教师必须获得国家承认的综合大学或同等级别教育机构的硕士或学士学位，并通过相应专业考试方可上岗。对于在高职院校担任大学教授职称的教师，要求至少具有 5 年以上的教育经验，否则不予准入。这表明"双元制"教师队伍拥有严格的任职标准。

（四）教学更具组织性

"双元制"职业教育体系通过灵活的组织方式，强调实践导向，力求在学校与企业之间建立紧密的合作关系。该体系旨在培养具备实操能力的应用型人才，教学实践和课程设计不受固定形式的束缚，而是依托实际需求和案例，引导学生主动探索、独立思考，通过实践任务解决问题，使其在学习中掌握扎实的专业技能。这样的实践导向教育不仅有利于培养学生的分析能力，同时为其积累丰富的实际经验，为毕业即可上岗的高素质应用型人才的成长奠定基础。

（五）教育格局具有前瞻性

德国的"双元制"职业教育体系与保障机制相辅相成，共同塑造了具有前瞻性的教育格局。其独特之处在于学校与企业的平等主导，政府与行业协会的协同推动，以及法律保障的严密体系。而教学与考试分离的模式旨在为学生提供更为规范、公平的考核方式，使学生在实践中得到全面培养。

德国"双元制"模式之所以在世界上享有盛誉，主要是因为其产教融合的水平较高，而这一高水平的产教融合又是以客观、公正、规范的考试考核体系为保障的。在这种模式下，学生必须通过两类考试，即企业的技能考试和职校的理论考试。技能考试的内容以所在企业接受的培训内容为主，由行业协会负责实施，目的在于考核学生对所学技能和专业知识的掌握程度；职校的理论考试称为资格考试，是针对学校的专业理论教学内容设定，由学校组织实施，主要考核学生掌握专业理论知识的程度。

（六）教育公平性与社会服务广泛性

德国的"双元制"职业教育体系是全社会参与的系统性工作，受到教育、企业和政府的高度重视。该体系在培养实战能力强的应用型职工方面取得了卓越成效，具有以下特点：

一是教育公平性：德国职业教育培训体系被认为是公平的模式，为全民提供均等的职业教育和培训机会，消除了任何一种层面的职业歧视，与高等教育体系紧密契合。

二是社会服务广泛性：该体系实施适宜的分流，最大化地实现了"人尽其才、人尽其用"的特色。学生在毕业后可以从普通学校转入职业学校，并且工作转换时可以根据兴趣找到适合自己的职业培训，拓展了社会服务的范围。

第二节　美国"合作教育"模式

美国的合作教育模式由学校主导、企业支持，旨在利用不同的教育环境和资源，培养适应企业需求的应用型人才。学生通过将理论知识与实际工作相结合，促进学校教学和实践的有机融合。合作教育的主体是美国的社区学院。经过多年的发展，合作教育已成为美国三分之一高校的常规制度，得到联邦政府的大力支持，并且成立了专门的全球性组织——世界合作教育协会，来推动其发展。

一、美国合作教育的发展历程

20 世纪美国合作教育的发展划分为四个时期：形成时期（1906 年至第一次世界大战）、发展时期（一战至二战结）、繁荣时期（二战结束至 20 世纪 70 年代初期）和改革调整时期（20 世纪 70 年代中后期至 20 世纪末）。

（一）合作教育形成时期

合作教育模式在美国形成于 1906 年至第一次世界大战期间。起源于辛辛那提大学土木工程专业，由施耐德教授提出，得到校长和董事会的支持。随后，类似计划在波士顿理工学院、匹兹堡大学等学校陆续实施。在短短 10 年内，合作教育传播至全国中西部、东部和南部。尽管经济危机出现，但企业主对合作教育的请求仍在增加，验证了该教育模式受到企业认可，并为企业带来实际利益。

（二）合作教育发展时期

这一时期合作教育经受了两次世界大战与全球性经济危机的考验，在开设学科与课程、学校的类型以及合作模式等方面都有所发展。

学科上，从早期的土木工程扩展至电气、机械、化工、商业管理、纺织、应用艺术等领域。学校类型上，不仅包括四年制大学，还有专科学院、技术学院和中学专科学院。合作模式方面，包括强制性和选择性计划，延长交替周期和获取学位学制时间的计划，以及适应不同职业需求的模式。同时，出现了安提亚克模式，强调工作经验对生活的重要性，关注人性的全面发展和职业引导功能，凸显了合作教育在全方位人才培养中的独特作用。

（三）合作教育繁荣时期

战后到 20 世纪 70 年代初期为合作教育繁荣时期。根据合作教育发展特征的差异，将这个时期合作教育发展分为两个阶段，第一阶段为二战结束到 20 世纪 60 年代初期，第二阶段为 20 世纪 60 年代初期到 70 年代初期。

1.二战结束到 20 世纪 60 年代初期

二战结束后，美国高等教育受到高度重视。杜鲁门政府提出为所有具备学习能力的人提供接受高等教育的机会。在此背景下，合作教育迅速发展，以满足行业企业对具有实践经验的技术工人的需求，推动大学开展合作教育计划。从 1946 年至 1962 年，共有 51 所高等学院实施了合作教育。同时，随着战后行业对实践经验的需求不断增加，大学开始在职业教育和工艺美术领域开展教师培训。其中一个显著的变化是研究生层面的合作计划的实施。

2.20 世纪 60 年代初期到 70 年代初期

从 20 世纪 60 年代开始，美国政府通过合作教育委员会的推动、国家的法律支持以及教育国情咨文的影响，全力推动合作教育的研究和实践，因而合作教育发展迅猛。仅 1963 年至 1970 年间，就有 111 所大学和初级学院采用了合作教育模式，超过了国家合作教育委员会的预期。在此期间，合作教育的发展主要表现在以下三个方面：首先，合作教育在少数民族和弱势群体中得到了广泛推广；其次，四年制高级学院的合作教育取得了显著增长，特别是在中西部的工业州；最后，两年制专科学院的合作教育发展较快，尤其是那些得到政府支持的专科院校都采用了合作教育体制。

（四）合作教育改革调整时期

20 世纪 70 年代到 20 世纪末，美国合作教育的发展呈现出"V"形特征，是合作教育改革、调整时期。

1.合作教育的萎缩

20 世纪 70 年代后期，美国企业界和科技界面临来自日、德等国的挑战，对其霸主地位构成了威胁，人们对中学开设职业性科目的广泛质疑也随之而来。此外，由于缺乏统一的资格证书制度，许多合作教育项目只能在技能要求较低的行业中进行。在这种情况下，国会于 1978 年削减了合作教育项目的特别拨款，导致合作教育项目的注册人数急剧下降，合作教育面临严峻挑战。

2."青年学徒制"模式

20 世纪 80 年代，面对青年工人工资下降和高辍学率问题，美国引入"青年学徒制"模式，该模式借鉴了辛辛那提模式和传统学徒制的优点，赢得学生和社会各界的好评。在国家委员会的努力下，自 1985 年起，合作教育计划逐渐复苏并不断增加。

3.《学校工作多途径法案》实施

20 世纪 80 年代以来，美国学校未能培养出令人满意的合格人才。90 年代初，相关报告指出，现行教育系统并没有把未升入大学的高中生培养成具备实际技能和创新思维的劳动力。为改善此状况，克林顿总统签署了《学校工作多途径法案》。该法案强调企业与学校的合作，推行全国通用的技能证书，促进了美国合作教育的发展，弥补了以往缺乏统一证书的不足。

二、美国合作教育模式特点

（一）培养目标体现复合型与创新性

美国高等工程教育的发展历史反映了人才培养目标的演变，从技术范式到科学范式再到工程范式，注重培养工程师的综合能力，包括团队合作、沟通、创新和社会责任感。欧林工学院是其中的代表，自 1997 年成立以来致力于创新人才的培养，形成了独特的培养模式，被评为全国顶尖学院之一。

（二）培养内容注重跨学科性

以欧林工学院为例。在欧林工学院，合作教育的准备包括学生培训与指导，以使其了解合作教育内容。开展合作教育后，建立企业反馈系统，及时获取学生在工作中的困难，学校据此调整理论课程以满足工作需求。学校将学习与企业工作的时间分配为 1:1，确保理论与实践相结合。取消学系设定，采用独特的欧林三角课程设计理念将不同学科知识组合为模块，实现跨学科融合，同时注重人文社会艺术教育和创业教育。在此基础上，通过创新实验室、SCOPE 项目和合作实验室等方式，积极促进学生与产业的深度融合。创新实验室提供了一个协作的空间，汇聚各领域专家，推动技术领导者的培养。SCOPE 项目则通过实际项目合作，培养学生的实践和创新能力，为其职业生涯奠定基础。学院还与其他机构合作，通过博览会和夏季学院等活动促进与外界的交流与反馈，不断改进教育模式。

（三）考核评价标准完整且程序严密

美国的合作教育模式涉及学生、高校和企业的三方协作，其考核体系具有多元性质。在项目完成后，学生需提交实习报告并接受企业的评估。此外，学生还需填写《学生合作教育工作经验学生评价表》，对合作企业和指导教师进行评价。为了确保合作教育项目的质量和可持续性，美国建立了 ACCI 认证标准，该标准涵盖了任务和目标、机构关系、雇主伙伴关系、学生学习环境、评估与评价五个方面，通过严谨的考核评价程序保障了项目的实施效果。

（四）政策推动+机构引导的保障体系

美国合作教育的成功发展，得益于全面法律和政策的支持。通过制定《高等教育法》和《卡尔 D·帕金斯职业教育法案》等法律，设立合作教育专项基金，为合作教育提供了资金支持，并强调了学校与企业的合作。此外，各州还出台了优惠政策，激励企业参与合作教育，同时为参与合作教育的学生提供资助，确保更多学生受益于这一教育模式。这些法律和政策为合作教育的繁荣创造了有利条件，为培养更具实践能力的人才奠定了坚实基础。此外，美国还建立了完善的合作教育机构，包括合作教育委员会和学校内部的相应部门，形成了从政府到学校的保障体系，确保了合作教育的顺利实施。

综上所述，美国高等工程教育之所以能在全球引领发展，就在于将人才培养与社会需求有机结合，不断丰富培养内容，采用项目教学法培养创新人才。再加上政府的政策和法律提供的重要支持，共同推动了美国高等教育的进步。

第三节　英国 BTEC 模式

一、英国 BTEC 育人模式概念

BTEC（英国商业与技术教育委员会）模式在创新方面表现出色，其核心在于以职业岗位需求为导向，摒弃了传统教育过度强调学科系统性和整体性的教学方式，专注于培养学生的实际职业能力，并致力于为学生提供更加贴近实际职场的教育体验，使其能够更好地适应和满足职业市场的需求。

该模式在全球范围内的认可度和通用性使得学生在职业发展上拥有更大的灵活性。而其短学时、低费用特点也吸引了一大批家庭经济条件不是很好的学生，使更多的人有机会接受高质量的教育。这一灵活性和实用性的教育理念使得 BTEC 模式在全球职业教育领域具有举足轻重的地位，满足了学生与职业市场之间紧密联系的需求。

二、英国 BTEC 育人模式的特点

（一）以发展职业能力为培养目标

BTEC 模式以学生的未来职业发展为核心，通过培养通用能力和专业能力，为学生奠定坚实的职业基础。通用能力是指从事任何职业都需要具备的能力，包括自我管理、自我发展、人际交往、联系、安排任务、解决问题、数字运用、科技运用、设计、创新等方面，是继续学习的基础。BTEC 根据企业意见，将通用能力归纳为 7 个领域、18 项成果，每项成果都非常详细、便于操作实施。专业能力则根据不同的职业岗位设定，更加贴近实际职场需求，使学生在专业领域具备实用技能。BTEC 模式的目的是全面提高学生的职业素养，使其在未来职业生涯中更具竞争力。

（二）以"实际岗位和社会需要"为课程开发依据

BTEC 模式根据实际岗位和社会需求进行课程开发，大纲遵循目标明确、

保持先进、以学生为中心、内容综合的原则，通过专家咨询法和任务分析法制定课程标准。课程大纲包括教学内容、能力成果、学习指南及成果标准四个部分，注重应用和实践，以及灵活性。BTEC 课程大纲全球统一，任何国家的学生学习后都能得到认可。除了编写大纲外，BTEC 还重视编写教学文件，包括《学生手册》《教师手册》和《内审手册》。《学生手册》帮助学生了解课业、专业概况、教学计划和评价机制等内容；《教师手册》规范教师教学，明确学生学习内容；《内审手册》说明教学管理工作中的工作计划、工作流程及审查标准等。

（三）课程内容动态调整

BTEC 的课程内容根据实际工作岗位需求动态调整，强调实用性和针对性，且横向覆盖多个学科。与传统的一成不变的固定教材不同，BTEC 采用自由备课模式，教师可根据学生的学习情况参照教学大纲灵活备课，为学生提供更具个性化的指导，从而激发学生的主观能动性。

（四）课程实施以开放式方式进行

BTEC 的教学理念强调"以实践为主"和"以学生为中心"，采用开放式教学。学生在课程开始前获取详细的任务、目标和能力标准。课堂时间分为教师讲授、学生自主学习和实践活动，以学生实践为主，教师讲授为辅，最大限度地发挥学生的自主性。教学方式丰富多样，包括社会调查、讨论、实地观摩等，为学生提供全面的学习准备。BTEC 课程模式充分考虑学生的方方面面，涵盖学习、生活和职业等多个层面。

（五）考核评价具有严格高效的质量评估和审核制度

BTEC 考核评价包括能力增长评价、平时表现评价及课业评价，还有其他辅助考核方式，如实验考核。课业考核是 BTEC 独特之处。一般每科每学期有三门课业，如课程太多可联合安排。课业设计遵循"有助于学生创新、紧贴课程大纲、有助于学生的能力发展、紧跟实际工作"的原则。任务设计涵盖多学科知识，考验学生的专业能力和通用能力，难度和完成时间按学生平均水平设计。

BTEC 的课业评价采用等级评价方式，包括优秀、良好、通过、不合格四个级别，依据清晰、明确、严格的评价体系进行。评价过程强调与具体评价和职业能力要求标准对比，避免与其他学生对比，保持公正客观。学生可在有证据的情况下对评价结果提出申诉，体现"以学生为中心"的思想。除了结果认定，BTEC 重视学习过程，学生需提交与学习成果相关的笔记和影像等证据。

第四节　日本"产学官"合作模式

一、日本职业教育发展"产学官"联合办学模式的背景

日本职业教育正在经历大众化和多样化的趋势，社会对富有独创性和实践性的技术型人才的需求不断增加。为适应这一趋势，日本职业教育采用了"产官学联合办学模式"，旨在培养新型技术人才并推动科研技术的创新。

作为社会知识的重要源泉，高校在整个职业教育体系中扮演着关键角色，通过成功将"教育"和"研究"有机结合，实现了新型技术型人才的培养和技术创新的注入。社会对高校的期望不断提升，促使职业教育采用"产学官"联合模式，以更好地适应时代的要求。

在产业界方面，原本由企业内部完成的技术研发逐渐演变为企业与高校共同参与的"产学官"联合。这不仅推动了企业积极参与高校人才培养和师资队伍建设，还缩短了企业研发创新技术的周期，提高了效率，满足了产业对新型技术型人才的紧迫需求，为企业创造了更大的利润。

此外，"产学官"联合模式在为企业和高校谋取利益的同时，还为政府下属的实验研究机构提供了创新技术开发的合作伙伴。政府通过提供财政支援逐渐加大对这一模式的支持，推动了其迅速发展。产业界、高校和政府的密切合作，使得职业教育"产学官"联合办学模式为日本职业教育和社会经济带来了新的发展机遇。

二、日本高等专门院校"产学官"联合办学模式概述

在日本职业教育"产学官"联合办学模式中，"产"指产业界、企业，"学"指高校，"官"指政府及下属研究机构。日本职业教育"产学官"联合办学模式推动了职业教育和社会经济的迅速发展，实现了企业、高校和政府的多赢局面。

初始阶段，企业向高校提供资助，使得双方能更灵活地运用研究经费，加速产品研发和技术创新的过程。企业通过与高校研究部门的合作，获取最新的研究信息，并建立与在校学生的日常合作，形成特定研究室和企业之间的产学官联合，重点在于提供实习机会和培养学生的实践能力。随着时间推移，产学官合作逐渐升级，企业为获取所需的技术人才和科研服务积极与高校展开合作，而高校为了提升教学水平、提高学生就业率以及强化科研实力也主动与企业保持联系。在政府的引导下，不仅高校之间、不同层次的院校之间积极采用这一模式，企业与政府下属科研机构也融入其中。

可以说，"产学官"联合办学模式既关注人才培养和师资队伍建设，更注重技术研发和成果应用。通过专利申请、技术转让等手段，将联合研究成果有机融入日本社会，形成了企业、学校、政府及下属科研机构之间互惠互利的良性循环，为日本经济的不断发展做出了积极的贡献。

三、日本职业教育"产学官"联合办学的主要合作方式

从知识时代的背景出发，日本高校在推进学术研究、技术革新以及解决社会问题等方面，积极倡导"产学官"联合的发展策略。在职业教育中，企业、高校和政府下属研究机构等作为"产学官"联合的核心要素，根据规模、形态和研究领域的不同，采用了多样化的合作方式。这一联合办学模式主要呈现以下六种类型：

第一，企业和高校通过共同研究或受托研究等方式展开"产学官"联合活动，共同致力于解决特定问题或推动某一领域的发展。

第二，高校学生在企业内进行实习，企业与高校共同制定学校教育计划

和开发教育程序，促使学生更好地融入实际工作环境。

第三，采用研究成果和技术转移的方式，企业直接购买高校的技术研发成果，或高校通过技术转移机构向企业进行技术转移，推动科技成果的应用。

第四，在"产学官"联合中，企业和高校基于兼任制度，相互进行技术指导和咨询活动，促进双方在技术领域的深度合作。

第五，企业向高校提供技术讲座，同时提供技术基地和协助扩建院校内的基础设施，促进实际技术知识的传递。

第六，基于高校的研究成果和创新技术，优化人力资源发展，通过"产学官"合作推动相关的创业活动，如创立风险投资企业。

这六种类型的"产学官"联合办学模式展现了高校在不同领域和层面上与企业、政府间协同合作的多样性，为职业教育的全面发展提供了有力支持。

四、日本职业教育"产学官"联合办学的价值

（一）从企业和高校的角度

"产学官"联合办学模式为企业和高校带来了多重益处。企业通过将高校视为外部人才培养基地，实现了技术研发的强强联合，提高了产品研发效率，降低了成本，获取了更大的经济利润。与此同时，联合为教师、研究人员和学生提供了思想碰撞的机会，促进了独创性研究的发展。通过全面了解社会需求，高校产生新的研究想法，为社会问题的解决提供创新方案。学生通过参与技术研发项目，全面提升了自身综合素养，增强了就业竞争力。同时，联合办学模式还推动了研究成果的市场化，提高了其市场价值。政府的宏观调控为"产学官"联合提供了健康的外部环境，促使职业教育和产业建立了长久、良好的合作关系，共同致力于日本社会经济的可持续建设。

（二）从高校教师和研究人员的角度

对高校教师和研究人员来说，开展"产学官"联合的主要意义如下：
首先，通过深入研究经济、社会课题，为社会经济发展提供反馈意见和

建议，并为之做出应有的贡献。其次，参与联合项目使他们在专业领域深度发展的同时，也拓展了视野，学到了新知识和新技能。此外，通过参与研究过程，特别是商业技术开发竞争，激发了他们的研究动力。最重要的是，通过参与项目教育课程和产品研制，提升了他们的研究能力，培养了其独立思考和深入探究的能力。因此，"产学官"联合成为一种有效的人才培养方式，也是高校履行职业教育责任和义务的重要途径。

第五节　国外产教融合发展实践的经验借鉴

他山之石，可以攻玉。德国、美国、英国与日本均较早地认识到职业教育体系的重要性，并将产教融合作为人才培养的关键手段，取得了一定成果。然而，这些国家的职业教育产教融合人才培养体系也存在不足，并根据各自国内的产业发展特点和行业企业情况进行了相应的调整。因此，我国产教融合人才培养模式不能简单地照搬其他国家的经验，而应该在吸收有益经验的基础上，根据自身情况进行调整。

一、重视育人环境建设

产教融合育人模式成功的关键在于健全的法律法规体系和经费制度。各国通过颁布法规法令，明确了各方在产教融合育人模式中的定位和责任，建立了稳定的法律基石。同时，通过经费制度的完善，包括税收优惠、财政补贴和企业培训投入，为产教融合提供了可靠的资金支持，奠定了其成功发展的物质基础。

二、重视育人组织建设

完善产教融合育人的组织建设，应完善考试招生制度，推进高考综合改革，完善高职院校分类考试制度，推行"文化素质职业技能"考试评价方式，探索中等职业学校对口升入高等职业学校和应用技术本科院校的招生模式。同时，推进产教融合育人和学校治理结构改革，支持职业学校推行现代学徒制和企业新型学徒制，推动招生衔接，适应社会发展和产业转型升级的需要，提高应用性、技术技能型和复合型人才培养比重。推进技术技能人才双元培育改革试点工作，发挥校企双主体育人作用。加快推动试点院校转型发展，引导试点高等学校进行系统性改革。建立健全理事会制度，鼓励行业企业、科研院所、社会组织等多方参与。

三、重视育人合作发展格局

（一）构建产教深度融合发展格局

1.统筹产教融合发展规划

在推动产教融合发展方面，政府应从全局角度出发，将其纳入整体规划之中，包括经济、社会、区域和产业等多个领域。通过制定相关政策、扶持方式和实施路径，积极推动试点城市在职业教育领域的产教融合。在此过程中，要注重对技能人才培育的改革，以更好地满足产业转型升级的需求。同时，要优化职业教育的布局，使其更加贴近优势特色产业和人口密集区域，以提高整体职业教育的效益。

2.促进高等教育与创新发展相融合

为促进高等学校的全面发展，政府可实施高校分类发展政策，培育国内高水平综合型和应用型大学。在此基础上，完善"双一流"建设机制，支持地方高校向一流大学迈进，以满足国家科技需求，打造协同创新中心和高水平实验室。与此同时，推动高校资源整合，积极参与企业主导的产业技术创新联盟，构建紧密协同的创新生态系统，以促进人才集聚和产业升级。加速高校创新实践基地建设，确保每所高校都拥有至少一个创业空间，为学生提供更多创新创业平台。

3.完善产教融合学科专业体系

建立学科专业预警和动态调整机制，对接产业链、创新链和战略性新兴产业。加快发展新能源、新型化工、冶金建材、绿色农畜产品加工、生物医药、装备制造、电子信息等学科专业。建立人才需求预测预警机制，发布本专科教育和研究生教育质量年度报告和高校毕业生就业质量年度报告，完善职业教育质量年度报告制度。完善专业准入与退出制度，以市场供求比例、就业质量为依据，形成重点产业均有骨干学科专业支撑的人才培养格局。

（二）强化企业在产业融合中的重要主体作用

1.拓宽企业参与途径

一是鼓励企业以购买服务、委托管理等方式参与职业教育、高等教育，并享有相应权利。二是推动企业参与学校专业规划、课程设置、教材开发、实习实训，倡导任务驱动、工学结合的教学模式。此外，依托或联合高职院校设立产业学院、创新基地、技术工艺和产品开发中心、实训基地等，将企业岗位要求融入人才培养环节。强调紧缺工种技能人才的定向培养，鼓励骨干企业与职业学院合作。提倡产教融合集团建设，联合骨干企业、学校和科研机构，带动中小企业的参与。新设专业时原则上要有相关行业企业参与，并鼓励地方对定向培养费用给予补助。

2.开展生产性实习实训

为提高实习实训的质量和有效性，使其更好地符合校企合作的需要，建议建立相关实习制度和规章，确保校企合作的实习计划能合理安排、准确执行。保障学生享有获得合理报酬等的合法权益。提倡引企驻校、引校进企、校企一体等合作方式，共同打造生产性实训基地。支持各地市以学校为基础建设行业或区域性实训基地，带动中小微企业参与，并鼓励企业接纳更多学生参与实习实训。

3.推进协同创新和成果转化

支持企业、学校、科研院所共建创新平台，如重点实验室、工程技术研究中心和工程实验室，以促进产业链和创新链的深度融合。为提升科研成果的市场转化效率，进一步加速技术市场的建设，积极推动技术交易网络平台的构建。通过地方特色经济行业的引领和社会资本的支持，为高校科研成果的产业化提供有力支撑。

4.创新企业职工在岗教育培训服务供给

为保障一线职工的培训和学习需求,要求企业将 60%以上的教育培训经费投入到一线职工的定期培训和学习机会中。鼓励企业购买专业培训服务,组织职工技能竞赛,并对提升技能等级的职工进行奖励或补贴。对于违规使用培训经费的企业,将记录在企业信用记录中并依法处理。在高职院校方面,鼓励其进一步开放办学,提供广泛的技能培训服务。职业学校也将为重点人群提供学历和非学历继续教育机会。社会组织有条件时,可以整合校企资源,开发多元化的产业技术课程和职业培训包。大力支持"互联网＋教育培训"模式,允许高职院校购买创新创业、前沿技术课程和教学服务,推动高校和行业企业课程学分转换互认机制。

四、重视育人师资队伍建设

为加强产教融合师资队伍建设,政府应积极支持企业技术和管理人才到学校任教,并鼓励学校设立流动岗位和特聘岗位,以吸引更多企业技术人员从事教学科研工作。此外,高职院校可根据实际需求制订用人计划,引进高层次专业人员和技艺娴熟的工匠,以推动产教融合,提升教学水平。政府还需完善适应职业教育和应用型高校特点的教师资格标准和职称评聘办法,为人才引进提供更灵活的机制。同时,允许高职院校自主聘请兼职教师,鼓励产业专家参与教学。为促进产教融合,建议推动职业学校和应用型本科高等学校与大中型企业共同建设"双师型"教师培养培训基地,同时完善高职院校教师实践假期制度,支持在职教师定期到企业实践锻炼,以更好地适应产业发展需求。

五、重视育人平台的建设

目前,我国正积极探索产教融合校企一体化合作育人平台的建设。最近推出的"百校工程"项目是教育部推动产教融合的系列项目之一,覆盖领域广泛,包括先进技术、应用学科和国际合作。通过这一探索,学校成功搭建了百校平台，迈入了"大平台＋"战略 2.0 时代，为学校的办学体制和教育管理注入新的动力。这一发展不仅构建了新型的创新应用型人才培养路径，还建立了跨学校跨专业协同应用的新策略，致力于通过大数据和人工智能融合平台，不断拓展合作伙伴关系，拓展国际化发展空间，全面培育既面向教育又服务于产业的创新应用生态系统。

1.建设智慧学习"工场"

智慧学习"工场"是"百校工程"2.0 的产教融合模式的全新升级，涵盖了人才培养、行业应用、科研创新和国际化战略等多个方面，推动了产教融合模式步入"大平台+"战略。通过这一新模式，成功构建了一个创新应用的生态系统，为教育和产业的合作开辟了更加智能、高效的发展道路。

2.运用新技术教学

依托大数据生态系统，Infinity 平台，实现教学、研发、管理一体化，构建多元学习路径，随时随地进行互联网学习。"大数据应用创新中心"和"大数据应用协同创新网络"的支持，可以避免传统课堂中心化的学习环境，使职素培养与项目应用教学同步进行，通过行业应用实践引导整个教学过程。同时，通过实时录入学生学习数据，教育大数据教学实现了对学生学习状态的实时监控，实现了教学的智慧管理。这一系统的建设为教育提供了更加灵活、高效的学习方式，并促使教学与实际应用更为紧密地结合。

3.产教融合国际化战略

"数字一带一路双百计划"由"百校工程"项目与发展中国家工程技术科学院（AETDEW）合作发起，旨在推动中国高校与"一带一路"沿线国家高校之间的教育合作和文化交流。计划包括设立 AETDEW 的中国培训中心，打造全球培训网络，为"一带一路"国家在通信、云计算和大数据等核心技术领域提供人才培养服务。截至目前，该计划已收到泰国、马来西亚、印尼等国家近 30 所高校的申请，并与联合国教科文组织（UNESCO）、亚太工程组织联合会（FEIAP）等近 20 家国际机构展开合作，产教融合国际化战略得到了各国的积极响应和支持。

综上所述，我国正处于产业升级转型的关键时期，高质量的应用技能型人才缺口巨大，需求迫切，在推进产教融合人才培养的过程中，应当积极借鉴发达国家的有效经验，注重区域产业发展趋势评估，根据区域企业集群的特点，在政府的主导和引导下，强化资金与政策保障，逐步建立符合我国国情、适合我国职业教育发展规律、满足企业需求的产教融合人才培养体系。

作为产教融合与社会服务双轨育人机制的一部分，产教融合已成为高等教育的重要发展方向。这为学生提供了更多的实践机会，增强了他们的实际应用能力，同时也促使学校更好地与产业对接，满足社会对高素质人才的需求。通过深度合作，学校能够培养学生的创新能力，使其更好地适应不断变化的社会和产业环境。产教融合在双轨育人机制的框架下，为学生的职业发展提供了更广阔的空间。

第七章　社会服务的意义

　　社会服务最初是社会学中的概念，有广义和狭义之分，狭义的社会服务指志愿性的公益服务。将社会服务引入综合实践活动课程表明它不仅具有社会学意义，还具有教育属性和价值。在教育学中，社会服务与国际上流行的"服务学习"概念保持一致，注重服务和学习的融合，强调学生通过满足他人需求实现自身发展、学习知识技能、提升实践能力，成为履职尽责、敢于担当的个体。

　　社会服务在综合实践活动课程中不仅仅是一种活动方式，更是植根于全球普适性和历史性的精神和价值观，扎根于深厚的社会伦理传统。作为一种道德实践，社会服务推动德育回归生活，是德育方法变革和公民教育的实践载体。融入"服务学习"理念的社会服务还有助于连接学习和拓展学习，为学生提供认知社会、了解公共事务、学习社交技能和解决问题的机会。

第一节　社会服务是一种具有全球普适性的社会价值观

　　这里的社会服务指的是一种实践活动，但它也是具有全球普适性的历史悠久的社会价值观。从古至今，社会服务作为一种价值观参与调整着社会关系、个人与社会的关系，塑造着个人的人生目的观。社会服务的起源可以追溯到历史悠久的时期，贯穿于关于社会服务的思想、实践、楷模人物的事迹，一直到近代，社会服务逐渐成为一种被倡导、研究和制度化实践的专门社会活动。

　　社会服务作为一种价值观和文化精神，在中华文明发展中有着深厚的渊源。尽管社会服务的概念起源于西方，但其精神融入了中国深厚的社会伦理传统。中国文化传统中，虽然没有直接"社会服务"概念，但对社会与个人关系的阐释中不断强调了社会服务的意义。儒家思想中的"仁"被提出作为最高道德标准，体现了对人际关系和社会关系的关切。"仁"的本义包含爱心和相互关爱，而在儒家思想中，"仁"作为最高道德原则强调为群体利益着想，是社会服务精神的要义。

社会服务的意义在中国传统文化和现代社会思想中占据主流，成为人生价值观和意义的重要组成部分。在中国传统文化中，以"君子"为理想标准，强调关爱社会、服务他人，这种人生价值和意义贯穿于历史中无数仁人志士的所作所为。近代，孙中山将人生的价值和意义定位于"服务"，他提出的"人生以服务为目的"与古代"仁"的道德原则相通。这一人生观曾指导民国学校开展社会服务，成为激励投身于社会服务活动的人的重要理念。在今天，社会主义社会的最高道德准则是"为人民服务"，与古代的"仁"理念和孙中山的"人生以服务为目的"的思想一脉相承。

实际上，社会服务作为一种精神，不只存在于中国的历史文化之中，它的普适性是跨越中西的。在古代西方，例如在柏拉图那里，所谓智者或有智慧的人，在道德上的标准就是能够认识和服务于社会整体的利益以及社会每一个个人利益的人，只有这样的人，才能充分地获得自我实现，才具有管理或参与管理国家的资格。

社会服务作为一种精神不仅在中国历史文化中有所体现，其观念也跨越了中西文化。在古代西方，柏拉图等智者认为，具备智慧的人应当具备服务社会整体和每个个体利益的能力，只有这样的人才能够实现自我，具备管理国家的资格。这表明社会服务的理念在中西文化中有相似的价值取向。

第二节　社会服务对道德教育的意义

社会服务作为一种社会价值观和人生目的观在不同文化和历史中都具有重要地位，因此必须作为道德教育的内容被纳入学校教育。社会服务概念本身就引起人们从道德角度的关注，其核心意义在于其伦理性，因此在教育中，特别是综合实践活动课程中，引入社会服务具有积极的道德教育作用。

一、社会服务活动是德育变革的有力抓手

传统上，教育德育往往以说教的形式为主，这是因为说教在传递价值观念、伦理道德等方面相对直接、简便，容易在短时间内传递信息。然而，尽管说教具有省力的优势，但它也因为缺乏实质性的互动和体验，导致学生难以真正理解和内化所传递的价值观。

现代德育改革倡导生活德育，摒弃传统的说教式教育。社会服务活动，特别是义工或志愿服务，被看作是实现德育回归生活的有效途径。通过参与社会服务，学生在亲身体验中唤醒了对生命的深刻认知，将"帮助人是很快乐的事"这一认识融入生活，不再依赖传统的说教方式。这种体验式的德育具有引导人生观和社会认知的重要力量，使学生在生活中形成积极的价值观。

我们给予学生从事社会服务的机会，就是让学生在社会服务过程中，开启对生命意义的思考。所以说，社会服务活动必须作为一种途径被吸收到学校德育结构中，成为推动德育变革的重要力量。

二、社会服务活动是公民教育的实践载体

社会服务被认为是塑造公民教育的实践手段，对于塑造合格的国家公民至关重要。一个国家和社会的文明水平往往通过其公民的素养得以展现。公民教育的目标是培养具备法定权利和义务的国家公民，注重权利和义务概念的融合。在公民教育中，重点在于培养公民道德，要求个体不仅具备权利和

义务的认知，更要能主动思考并积极践行道德责任。这突显了在塑造合格公民过程中权利和义务观念的至关重要性。

道德与"义务"紧密相连，公民教育强调培养公民在权利与道德义务之间的认知和实践能力。公民道德的核心在于培养公民具备公共关怀意识，积极参与公共事务，并在此过程中履行自身的道德义务。合格的公民以积极的行动回应改善世界的核心问题，与中国古代的"君子"概念相通，注重公共利益，积极参与公共服务。相对而言，"小人"代表自私自利，是社会责任感的对立面，其行为着重个人利益而忽视社会责任和影响。

自私和对他人、公共事务的冷漠阻碍人成为合格公民。冷漠表示缺乏责任感、担当和主人翁精神，对问题漠不关心，回避责任。公民教育的核心是纠正冷漠和其背后缺失的责任感、担当精神。社会服务成为培养公民素质的最佳实践平台，以责任感和担当能力为基础，服务过程促使这些品质的成长。将社会服务纳入综合实践活动课程正式启动了实践育人的公民教育之道。

第三节　社会服务活动对知识技能教育的意义

社会服务活动不仅有助于道德教育，更能通过将学校所学的知识和技能应用于实践，促进学术性知识学习，为知识技能学习提供丰厚回报。其对知识技能教育的主要价值在于打破学校传统教学的封闭模式，为教学提供多维度空间。这使得社会服务活动在教育体系中具备了突出的意义。在学校中开展社会服务，吸收服务学习的理念，就是要追求社会服务与各学科教学有机结合，以达到促进课程学习的目的，进而推动学生在实践中全面发展。

社会服务活动不仅在培养学生的道德素养方面发挥了关键作用，同时通过实践联系为学科知识和技能的学习提供了丰富的场景。这样的教学手段不仅激发了学生的感性体验和学习热情，更成为传递具体知识和技能的有效途径，为教学法的创新拓展了可能性。

社会服务活动能够有效缓解学生传统学科学习中的知识疲劳问题。服务学习通过提供真实问题和切实有效的解决途径，引发了学生的强烈学习动力和理智努力，使学习变得更加具体而有意义。这种实践性的学习方式将理论知识与实际问题解决相结合，为学生提供了更为深入和有趣的学习体验。

社会服务不只是嘘寒问暖，最深刻的服务是把他人、社会和这个世界的问题放在心里，并提供解决问题的方案，而这就需要知识和技能的介入和运用。知识和技能被用来解决社会问题，它就具有支撑和开拓社会价值的贡献。一个人运用自己的知识和技能解决社会问题，这种知识和技能就具有了道德属性，这种运用过程就变成了一个道德事件。从培养学生核心素养的角度来说，一个人的知识和技能被转化为品性，就是核心素养的理想形象和样态。

社会服务的真正价值在于将个体的知识和技能运用于解决社会问题，创造社会价值。这一过程不仅赋予知识和技能以道德属性，还将其转化为具有核心素养的理想形象。因此，社会服务成为知识与品性相结合的媒介，为个体与社会之间搭建了积极的互动桥梁。

社会服务在学习方面的拓展意义还在于为学生提供了传统学校教育无法覆盖的学习新知识和技能的机会。通过参与社会服务，学生不仅能够更好地认知社会、了解公共事务，还能够学到社交技能以及解决问题所需的新知识和技能。然而，传统学校通常对这类学习持有忽视或轻视态度，并且缺乏有效推动这类学习的方式。比如，如果把土壤保护作为环境保护主题的一个部分，学生可以学习和使用一套土壤监测方法，在具体的监测过程中，他们收集样本，按照科学的监测方法进行监测，并收集和分析数据。这种学习内容在传统学科教学中通常得不到专门讲授，而社会服务活动为学生培养这些科学技能提供了机会，使他们学到的方法和技能能够广泛应用于工作和生活。

社会服务实践活动在产教融合与社会服务双轨育人机制中发挥着重要作用。社会服务的发展使学校能够更好地与社会深度合作，为学生提供更贴近实际需求的教育服务。通过参与社会服务实践活动，学生不仅能获得更多实践机会，提升实际操作能力，增加职业竞争力，还能在参与社会服务的过程，提升社会责任感，更好地理解和解决社会问题，为未来的职业发展奠定坚实基础。

第八章　高校社会服务的理性思考

　　教育不仅关系到国家富强和民族振兴，更直接影响社会的进步和人民的幸福。当前，我国经济发展已进入新常态阶段，工业化与信息化深度融合。在新时代、新形势下，教育面临着更高的要求。在《国家中长期教育改革和发展规划纲要（2010—2020 年）》中，高等学校被要求增强社会服务能力，树立主动为社会服务的意识，通过产学研结合、科技成果转化、文化传播、决策咨询等，为社会提供多方面、全方位服务。这一战略定位强调了高等教育对国家现代化和强大的支持作用，凸显了教育与国家发展的深刻连接。

　　高等教育的社会服务职能在于高校通过利用自身资源为社会提供服务，成为高校与社会联系的重要桥梁。这一职能使高校更深入地了解社会需求，灵活调整人才培养和科研方向以适应社会需要。同时，社会服务也是推动高校技术创新和成果转化，促进产业发展和升级的有效手段。

第一节　概念界定

一、高校社会服务

　　学界对于高校社会服务有两种普遍认同的定义。一种是广义的定义，将高校作为学术组织对社会的贡献纳入考量，包括直接贡献和间接贡献两类。广义下的高校社会服务，不仅包括直接的服务，还包括对人才培养和科学研究的贡献。人才培养和科学研究在这一范畴中被视为高校社会服务的基石，因为它们对培养各类人才，尤其是高级专业人才，具有至关重要的作用。高校通过所培养的各类人才间接地服务社会。此外，高校还通过直接联系社会的方式，如兴办创新型企业、提供决策咨询服务等，成为广义高校社会服务的重要组成部分。这种定义强调了高校对社会多方面的贡献，从人才培养、科学研究到直接的社会参与，都被视为高校社会服务的重要体现。

另一种是狭义的高校社会服务概念，强调在不影响正常人才培养和科学研究活动的前提下，高校依托人才和知识等资源优势，向社会提供直接的、服务性的、促进经济和社会发展的活动。这种服务概念特指高等学校以满足社会实际需求为目标，在保持教学和科研职能的基础上，直接面向社会进行短期人才培训、科技咨询、技术推广与服务等活动。这种服务具有直接现实性、学术性、发展性和服务有限性等基本特征，突出了高校直接回应社会需求的实践行动。这种定义强调高校在社会服务中的直接性和实用性，强调服务的目的是为了满足社会的实际和迫切需求。

本研究中所涉及的社会服务概念在我国高校中存在认知分歧。与欧美高校将其直接社会服务职能称为"Third Mission"，并与其他职能进行明确区分不同，我国通常所指的社会服务职能更偏向狭义的直接服务概念。这种服务通常指的是在保持正常人才培养和科学研究活动的同时，借助高校的人才和知识资源，直接向社会提供服务，包括但不限于短期人才培训、科技咨询、技术推广与服务等。与广义的社会服务活动相比，这种狭义的社会服务更加突出其作为高校一项成熟职能的存在。在这个理念下，高校的社会服务与人才培养、科学研究以及其他随社会发展而衍生的文化继承与创新职能相辅相成，密切相关。高校通过科研推动科技发展，依托知识服务于生产发展，以及通过教学传播知识文化、培养全面发展的创新型人才，都是为社会服务的形式。高校社会服务的本质是通过各项职能为社会的全面进步和发展提供支撑，形成与社会互为补充的关系。

在实际运作中，许多高校对社会服务理念存在一定偏差，倾向于刻意割裂高校不同职能之间的联系，过于强调社会服务的直接性。这种倾向可能对高校的角色定位和办学方向产生负面影响，因为离开了人才培养和科学研究这两个基础职能，谈论直接的社会服务就如同无根之木，失去了根基就难以在风雨中立足。因此，本研究中所指的高校社会服务范围是指高等学校以国家办学目的和目标为战略导向，结合自身条件、资源和能力，在办学实践中主动回应社会各方面对高等教育的需求。这一过程包括人才培养、科学研究以及直接的社会服务这三个环节。这种综合性的社会服务理念有助于高校更好地履行其使命，引领社会发展和进步。

二、社会服务实践活动

社会服务实践活动是指学生通过参与社会实践项目，为社会提供各种服务，以实际行动回馈社会，培养实际操作能力。包括志愿者服务、公益项目、社区服务等多种形式。旨在解决社会问题，促进社会发展。

社会服务实践活动是高校社会服务的一部分，也是高校社会服务的具体实施手段，通过学生参与具体的实践活动为社会提供各种服务。这种实践活动有助于高校更好地履行社会责任，提升声誉，促使学校更好地融入社会。社会服务实践也是学生综合素养提升的重要途径，使学生能够在实际中应用所学知识，更好地迎接未来的职业挑战。在高校社会服务的广度涵盖学术、科研、人才培养等多个领域的基础上，社会服务实践活动更侧重于学生的实际行动和实践能力培养，为学生提供了宝贵的实践机会。

三、社会服务能力

通过对广义社会服务内涵的采纳和基于高校三大基本职能的分类，本章将社会服务能力分解为人才培养服务、科研服务和直接服务三个方面。这种分解使得高校所具有的历史传统、优势特色和资源条件等抽象概念得以具体化，表现为社会服务活动、成果和质量。这种方法不仅有助于高校更深入地了解自身的社会服务能力水平，还提供了一种与其他高校进行比较的手段。

高校的社会服务能力不仅仅是为社会提供产品和服务的综合能力，更体现在其开放的办学理念、灵活的办学制度和具有企业家精神的学术思维上。这种全面的社会服务能力，反映了高校对社会的深刻理解和积极响应，说明了高校是推动社会进步的重要参与者。因此，高校社会服务能力的评价既关乎具体服务水平，也涉及到对社会文化创新、包容程度和法制环境的整体把握。这使得社会服务能力不仅是高校自身发展的标志，更成为社会进步的一个综合评判标准。

第二节　高校社会服务的价值意义

一、推动高校社会服务职能全面发展

在当今知识经济快速发展的背景下，高校作为经济社会发展的核心，不仅需要适应社会的要求，更要主动为社会服务。这包括灵活运用自身优势，积极参与社会经济建设，以满足时代需求，推动高校社会服务职能的全面发展。高校的发展既是对时代召唤的响应，也是迈向新时代的必然选择。

（一）为社会服务是高校科技发展的客观需求

随着新技术革命的不断推进，高校面临更高的人才培养和科学研究要求，同时其职能也得到新的赋予。为了更好地服务社会，高校通过与生产部门、政府和社区的合作，开展多种形式的直接服务，包括技术培训、产业创办、咨询服务、终身教育等，推动社会进步和发展。这种全方位的服务不仅满足了社会需求，也提升了高校的社会影响力。

（二）服务社会是满足高校自身发展的需求

在国家深化改革的背景下，高校的办学规模、效益、质量、管理方式等需要接受市场的检验，经费、师资、设备等资源配置必然受市场经济方式影响而做出相应改革。在这一挑战与机遇并存的时刻，高校亟需打破封闭，敞开大门，运用自身优势和独有资源，与社会积极合作，参与社会服务，使教学科研、技术开发与生产部门紧密结合，形成一定合力，在与社会、政府、企业、社区的合作中获取大量社会资源，为高校自身获得不断改革和发展提供契机与必由之路。高校直接参与社会经济活动，直接参与社会经济活动不仅能够增强与生产部门的合作，还能够吸引更多学生参与科研和技术开发，从而培养出具备创造性思维和实际操作能力的人才。

（三）知识经济时代迫切需要高校向社会开放

随着知识经济时代的到来，知识的价值发生了革命性的变化，知识在社会经济中的地位也得到了提升。由于高校与知识有着直接的关系，因此高校必须参与到经济社会发展中，实现走进经济社会中心的变革。知识经济的出现，不仅拓展了传统经济和生产的概念，还将知识的传播、生产与应用纳入了经济和生产活动范畴，这与高校的重要职能密切相关。高校能够为社会服务，其实质是知识的应用，通过知识应用为社会创造价值。因此，"教育是生产力，高校是生产部门"已成为社会共识。

二、高校社会服务的价值取向

高校已成为市场经济的重要参与主体，而知识经济实际上是一场知识价值的革命，改变着经济的性质和生产要素。市场经济使大学从经济社会边缘走向中心，成为知识经济发展的人才库、知识库、思想库、产业孵化器。知识经济建立在知识基础之上，以知识传播、生产、应用和消费为核心。在知识经济时代，经济呈现知识化和知识的经济化趋势。科技向传统产业渗透，使其知识含量提高，推动了产业升级，经济呈现知识密集型趋势。随着经济中知识成分的增长，财富的生产和增长不再单纯依赖物质资源，而主要依赖知识的投入。

（一）服务党和国家发展的需要

高校人才培养在新时代面临的首要任务是"培养什么样的人、如何培养人以及为谁培养人"这一具体目标。为了实现这一目标，高校需要深入了解全球科技发展趋势和国家发展战略，把握经济社会发展的需求。同时，高校应以科学的态度和精神，凝练科技发展战略目标和前瞻性的重点发展方向，为国家提供高质量的科技战略建议和报告，发挥智库作用。此外，高校应树立科学研究的制度自信和理论自信，为国际前沿、国家战略需求和国民经济发展等方面提供强有力的支持，为实现世界科技强国和创新型国家的建设目标做出贡献。

（二）服务企业发展的需要

企业是市场的主要参与者，加强高校创新基础能力建设可以提升高校为企业服务的能力。高校与企业的技术合作是高校社会服务的重要内容之一，可以帮助企业在生产经营过程中解决技术难题。高校专家可以在广泛的领域中发挥自己的专业知识和技能，为企业提供智力支持。通过搭建平台，促进教师与企业的合作和互动，实现产学合作。双方签订合作合同或协议，企业提出生产经营过程中的难题或新技术的需求，高校提供智力支持予以解决。通过技术服务，高校取得研究经费，促进自身发展。技术合作不仅帮助企业解决了生产经营中的难题，也让高校实现了智力成果的转化，更有利于技术成果迅速转化为现实的生产力。

（三）服务整个社会发展的需要

社会文明程度的提高与人的文明素养密切相关，高校的使命之一是培养社会所需之才，也是高校服务社会的重要体现。高校服务社会将产生经济、社会、生态等效益。

第一，为社会提供信息咨询。通过与政府、企业和社区建立联系和合作关系，高校可以及时了解这些机构的信息需求，并提供专业的政策调研、战略决策、科学规划、对策研究等咨询服务。高校拥有众多领域的专家和教师，以及高素质的学生，他们可以运用规范严谨的方法，为政府、企业和社区提供最新的信息和趋势分析，给他们的决策提供参考，既可以满足这些机构的需求，又能促进知识经济的发展，推动社会的进步，为经济社会发展做出更大的贡献。

第二，将高校的资源向社会开放。作为社会的重要组成部分，高校拥有丰富的教育、文化、科技等资源。将这些资源向社会开放，不仅可以提高资源的利用率，还可以促进社会公众的知识水平提升和素养发展。比如，加强数字化教学资源建设，帮助公众获取实用的知识和技能；定期开设免费的专题讲座或研讨会，帮助公众了解最新的科技动态、文化趋势和社会热点，提升公众的素养和见识；向社会民众开放图书馆、体育场馆等设施，满足公众的学习和健身需求，提高其生活质量和健康水平。针对特定的群体如中小学生开放实验室和电脑机房等设施，帮助他们接触先进的设备和科技，开拓眼界，提升科技素养，为青少年的未来发展打下坚实的基础。

第三，加快高校技术成果转化。高校产学研合作是以公司、高校、科研单位为基础，依托政府、科技服务机构、金融机构等的支持，遵循优势互补和利益共享原则，按照特定的运行机制和协同合作，通过科技研究、人才培养、仪器设备共享、信息获取等活动，推动科技进步和经济社会发展。良好的机制是促进产学研相结合的基本条件，在政府、企业和高校三个主体间建立高效合理的利益协同机制是高校产学研合作成功的关键。

三、高校社会服务的价值追求

（一）加快高校科技成果转移与转化

加快高校科研成果的转移、转化是高校直接服务经济社会发展的关键所在。我国在 20 世纪 60 年代初步形成了科技转移与成果转化的理论，并在改革开放以来逐步引入技术转移、成果转化等相关理论。在国家营造的有利于科技成果转化的政策环境中，高校通过整合各类转移机构、建立知识产权运营机构、完善科技成果转化登记、公示和奖励制度等手段，加强高校、企业的人才双向流动，积极探索市场化的科技成果转化运营机制，强化高校科研成果的转移和成果的转化。

为适应新时代科技创新的需求，高校作为新型产业技术创新的主要载体亟待整合"官、产、学、研、用"等内外资源，承担"共性技术研发、技术咨询服务、科技成果转化、人才培养、创业孵化"等功能，坚持以市场为导向，积极探索科技创新融资模式，以更好地支持创新项目的发展。此外，高校还需完善资金筹措机制、市场对接和技术保障机制，形成科技成果市场化运营体系，确保科研成果更好地转化为实际应用，服务产业和社会的发展。

（二）提升高校为社会发展的支撑力

作为社会的核心引擎，高校要积极参与社会发展，助力经济社会发展方式的转变。在构建新型官产学研用模式中，高校需以企业为主体，以市场为导向，为经济高质量发展提供支持。例如，农业类高校要加强对精准扶贫战略的科技支撑，充分发挥其建立综合示范试验基地、特色产业示范基地在发展生产和逐步实现共同富裕中的重要作用。特色院校应充分发挥其专业领域的优势，提高人民的幸福指数。比如，医学类院校可以加强对慢性疾病、老龄化、健康服务等挑战的科学研究，为医学技术创新和医疗保障水平提供支撑。同时，高校还应服务社会发展中的公共安全、自然灾害风险防控、生态环境治理等重大问题，引导高校加强问题导向的综合交叉研究，为社会的综合性发展提供科技支撑。

（三）拓展高校服务大学生创新创业的能力

充分利用高校自身的独特优势，积极落实国家"大众创业、万众创新"的发展战略，提高高校学生创新创业的能力。其一，高校学生充分运用移动互联网、大数据、云计算等现代信息技术，借力高校发展新型创业服务模式，依托高校建立一批低成本、便利化、开放式众创空间和虚拟创新社区，通过依托大学科技园区建立大学生创业实践基地，为大学生创业提供创业空间、社交空间和共享空间，降低创新创业成本和门槛的同时，加强高校对创新创业空间的服务和支持。其二，高校通过逐步开放校内科技资源、体育设施、生活设施资源，支持创新创业，开放高校科技讲座资源，组织提供多种形式的创新创业辅导和职业继续教育，依托科技创新资源构建创新创业教育支持体系，培育跨学科、跨领域的科研教学团队，不断增强学生创新精神和创业能力。此外，探索"一校一策"模式，建立大学生创新创业扶持基金，切实解决在大学生创业初期的资金问题，鼓励学生利用自主知识产权实施成果转化和产业化。

高校应充分利用自身独特优势，积极践行国家"大众创业、万众创新"

战略，提高学生创新创业能力。通过发展新型创业服务模式，运用现代信息技术建立众创空间和虚拟创新社区，降低创业门槛。同时，开放校内资源，支持学生创新创业，构建创新创业教育支持体系，培养跨学科的科研教学团队。采用"一校一策"模式，制定个性化政策，建立创业扶持基金，解决初期资金问题，鼓励知识产权转化和产业化。这一系列措施有助于激发学生的创新精神，提升创业能力，促使更多优秀创意转化为实际成果。

第三节　高校社会服务面临的困境解析

社会服务是高校基本职能之一。服务地方经济是高校服务社会的重要环节，同时也是高校服务社会的重点难点。新时期深化科技与经济、文化及生态的融合，推动新技术、新产业、新业态发展，实现高校人才培养、科研职能的拓展，是高校支撑人类社会发展的最直接体现。进入知识经济时代，伴随高等教育大众化的进程和科学技术的发展，高校社会服务功能得到了显著体现。然而，当前高校社会服务面临着许多困境和挑战，这些问题阻碍了高校社会服务能力的进一步发展和提升。

一、高校社会服务面临的困境

（一）人才培养与社会需求不适应

目前，我国高等教育人才培养与社会需求存在一定的不适应，高校在发展过程中，虽然主动调整了发展战略，但受到自身定位、师资水平、专业结构等的制约，存在专业人才培养目标不清、人才和区域经济间不协调等问题，人才培养不能满足社会经济发展的需求。其直接体现就是学生就业与人才需求存在结构性矛盾。部分高校片面追求规模扩张和升级，但忽视了院校自身所具有的职业性和学校办学历程中凝聚下来的办学优势、办学特色，导致人才培养目标不明确，专业课程设置不合理，而师资队伍和教学条件的不足又进一步影响了人才培养质量。其直接结果就是导致服务经济的能力不强，人才培养供需脱节，学生实习难、就业难。这一点在地方院校和民办高校、高职院校中更为突出。

（二）人才供给区域结构与区域经济发展不匹配

众所周知，人才是第一资源，然而，我国的实际情况却是各区域的经济发展水平与高等教育培养人才的水平并未呈现一致的对应关系。高等教育培养人数多的地区并不一定是经济发达地区，反之亦然。此外，高等教育毕业生就业倾向于经济发达地区，导致欠发达的地区难以留住人才。这一现象不仅导致高等教育的投入在某些地区得不到充分回报，也加剧了区域之间的不平衡，形成了经济发展上的"马太效应"，使得发达地区更加强大，而落后地区更难迎头赶上。因此，需要采取有效措施来协调高等教育资源的分配，促进人才在各地区的均衡流动，实现人才培养与区域经济的良性互动，推动全国各地的协调发展。

（三）科技研发水平整体不高，直接服务社会经济的能力不足

就高职院校而言，其科技研发水平总体不高，原因在于对科学研究工作认识不清，功利性强；科研管理制度不完善，缺乏科研管理经验；科研队伍基础薄弱，高水平的学术带头人和学术骨干紧缺；缺乏必要的科研条件，实验室设备跟不上社会经济发展需求，阻碍了高职院校科研工作的开展。

此外，高职院校在服务社会方面存在规模相对较小、服务企业非主业、缺乏内涵发展和外延建设、未立足于社会需求提升办学和服务能力、对直接服务社会经济发展的重要意义缺乏正确认识等问题。为提升服务水平，高职院校需要从服务项目规模、服务企业定位、内外部发展视角、需求导向、正确认识等方面入手，实现教学、科研、服务的联动，提高整体服务能力。

（四）决策咨询服务不足以满足政府需求

我国高校特别是研究型大学拥有丰富的学术资源和高水平人力资源，但在开展决策咨询研究面临多方面的问题，其中学术考核、学科建设、研究成

果推广、制度机制等方面都存在缺失和滞后，再加之决策咨询系统建设不够完善，高校内部机构利用不充分，以致于高校缺少履行决策咨询服务的热情和动力，作为高校服务社会的重要途径，高校应该加快建设决策咨询系统，完善决策咨询相关制度和保障措施，充分利用自身优势资源为国家治理作出正确决策保驾护航。

（五）服务环境存在制度缺位

社会服务职能产生于社会需求又服务于社会需求，高等教育在社会发展过程中起到的推动作用和引擎作用日益凸显，大学成为社会发展最深厚的推动力。人才培养职能和科学研究职能作为直接社会服务职能发挥的前提与基础，一定程度上决定着高校服务的深度和广度。当前，我国高等教育已进入大众化和普及化的发展阶段，伴随着这一转变，高校也面临着定位不明确、生态环境不稳定、评价导向问题等一系列挑战。《中华人民共和国高等教育法》《国家中长期教育改革和发展纲要（2010—2020 年）》等文件精神虽对高校职能进行了解读，但缺乏具体的制度设计，导致服务实施中存在利益冲突。解决这些问题需要探索社会服务制度，明确服务导向，加强制度建设，通过法律规定规范服务形式、范围和内容，推动高等教育服务社会的多样化。

（六）社会服务活动存在盲目的义利选择

在讨论义利问题时，现代人将"义"理解为道德准则，高校在进行社会服务活动时应当遵循道德约束，坚守批判品格，追求正当合理的结果。然而，当前中国高校在选择义利的顺序时存在摇摆不定、盲目随意的问题。

一方面，部分高校的社会服务活动存在先利后义的现象，表现为追求特定团体或个体的利益，将"舍义逐利"作为主要原则，甚至盲目追求规模和数量，忽视服务质量和效益。服务过程存在灰色文凭、权、钱交易，助长学术不端，对教育制度造成危害。另外，过度追求短期回报可观的应用性课题，而回报较慢却意义深远的基础研究却少人问津，导致社会服务的短视和低效，暴露出社会服务中存在的伦理失范问题，到头来损失的是整个社会和国家的前途。

另一方面，高校在追求社会服务项目时，可能因过度承接项目而加重科研压力，而部分教授则热衷于将科研成果或是专利来申办企业，偏离了教学育人的本职工作，舍本逐末。面对"重科研、轻教学"的观念，高校存在面子工程的压力，选择物质技术服务而非思想理念服务，导致认知上的矛盾。因而，在社会服务的义利选择上，高校犹豫不决，举棋不定，且在服务对象的选择上存在不公平的情况，影响社会服务的公正性，背离了大学社会服务承担社会责任的原则。

（七）社会服务志愿活动服务类型单一，未能形成长效活动

尽管我国高校在开展社会志愿服务方面取得了一定成效，但仍然存在服务活动连续性和持久性差、服务质量不高、缺乏资金支持和有效管理等问题。而且，目前高校的社区服务普遍缺乏与学科专业的紧密联系，未充分利用教师和学生的学科专业知识。常规性社区服务项目吸引了众多志愿者，而需要学科专业知识的项目却缺乏关注和参与。因此，高校应充分利用学术资源，尤其是学科专业知识，开展更有深度和专业性的社区服务活动，而非仅限于一般的志愿活动。

此外，高校举办公开讲座的做法尚未形成常规机制，缺乏日常性的社会服务活动。这可能是因为高校未充分认识到公开讲座对社区服务的价值，并未将其视为一种日常的服务形式。建立健全社区服务的管理机制，将公开讲座纳入高校的日常服务活动，有助于民众了解大学、亲近大学，增加潜在的生源群体和合作伙伴，同时提升大学的社会形象。高校应该认识到这一点，并采取措施推动这一形式的发展。

（八）高校社会服务观念存在偏差

我国高校的社会服务职能起源于历史时代的推动，在理论上受限于对西方经验的借鉴，缺乏对自身传统和优势定位的清晰思考。在经济转型过程中，社会成员缺乏适宜的文化价值观和职业伦理修养，导致高校追求"大而全、服务领域广、社会影响力大"的社会服务目标，忽略了其核心职能是育人。因此，高校应该以人才培养为核心，将教学和科研作为育人的两翼，以社会

服务作为这一核心的延伸，实现大学的社会价值。

当前一些高校过于追求社会服务带来的名利，忽视了学术价值和思想启迪作用，导致学术净土受到功利之风的浸染。同时，一些高校对社会服务的认知存在偏差，教师认为社会服务与自身无关，有些高校甚至认为只有应用型本科高校才需要关注社会服务。这种认知不足导致了社会服务过程中出现伦理失范现象。高校应该正确认识社会服务职能，均衡发展学术研究、人才培养和社会服务，同时树立现代公共服务伦理文化。

社会服务围绕社会需求，社会组织都必须为社会带来价值。高校在社会服务中独具特色，不仅能够传播知识，还创造知识；不仅能够实现经济价值，还会产生更深远的社会、政治、文化价值。这些隐性价值的实现离不开高校人才培养、科学研究、直接社会服务职能的相辅相成。因此，社会服务的理念是宽泛的、多元化的，高校应当从自身独特性出发，做自己擅长的事，形成多层次、多样化的社会服务体系。

二、高校社会服务面临的困境解析

（一）高校社会服务的价值理性式微

高校片面地将产学研合作模式理解为校企共建，仅作为毕业生顺利实习就业的一种有效途径。与此同时，高校的产学研仍处于浅层次的理论上，而对大学生实践与创新能力的培养方面则较为缺乏。国内众多传统高校仍将绝大多数的精力和经费投入到人才培养和科学研究这两大方面，对社会服务和文化传承创新方面重视程度不够。此外，高校师资力量相对缺乏，高校及教师需要应对各种繁多的考核指标，在一定程度上影响高校师生参与产学研的积极性。

（二）高校社会服务的工具理性错位

高校产学研协同创新困境突显，多方参与难以协同，政产学研之间存在融合鸿沟。当前科技成果未能有效转化，主因在于缺乏完善的服务机制和转化平台。创新成果多仍滞留在实验室，未能充分实现科技创新成果的社会价值。解决这一问题需要建立更加完善的协同创新机制，提高产学研协同的效率和深度。

（三）高校服务面临的困境源于工具理性与价值理性的割裂

一方面，工具理性强调提升效率和效益的途径和方式，重点关注的是实现目的的手段的有效性；另一方面，价值理性的目的是为行为主体提供一套行动的理念，强调对价值目标的理性建构和深入追问。高校直接服务需要在工具理性和价值理性之间实现统一，以价值理性为导向，通过工具理性手段提供更有效的服务。

新时期高校社会服务的探索不仅是实现可持续发展的必要路径，也是对新时代使命和内涵的回应。通过统一运用工具理性和价值理性，高校在应对挑战和变革中具备了更全面的视角。在工具理性引领下，高校社会服务迎来了更深刻的变革，通过适应社会发展需求创造有影响力的改变。而在价值理性主导下，高校将继续强调知识创新、传播和人才培养使命，致力于培养更具人文素养的创造性人才。

基于工具理性和价值理性辩证统一的发展理念，新时代高校成为认识未知、追求真理、为人类解放提供科学依据的前沿力量。同时，在知识创新、科技成果转化方面扮演关键角色，积极参与经济和社会活动，为国家发展注入源源不竭的动力，更是民族优秀文化与世界先进文明成果交流沟通，互为借鉴的桥梁，为全球进步贡献力量。

第四节　提升高校社会服务能力的对策

社会服务职能的强化是知识应用的必然结果，优秀的社会服务能力来自卓越的学术生产力。高校履行社会服务职能必须以高校作为一个教育、学术和文化机构的根本属性为客观标准，保持与资本和科技市场的距离，而不是盲目迎合社会导向。

梳理我国高校开展社会服务的现状可以发现，我国普通本科高校在社会服务方面已取得了明显的成效：教学工作质量不断提升，输出适应不同社会需要的各类人才，劳动人口的素质结构也得以逐步优化，全社会成员的受教育年限得到延长，高校的科研实力也得到显著提升。

然而，事物的变化发展是波浪式前进、螺旋式上升的过程，高校社会服务能力的发展亦不例外，是前进性与曲折性相统一的。对社会服务理念的认识存在偏差、伦理教育相对不足、高校的管理体制与制度环境有待优化导致在开展社会服务的过程中出现了盲目服务、功利服务等伦理失范的问题，值得我们重视与警惕。

此外，高校社会服务结构单一、彼此间相似也反映出服务定位雷同，因校制宜、因地制宜的优势发挥不够明显。因此，基于高校社会服务过程中所存在问题，如何提升高校社会服务能力是非常值得研究和探讨的。

一、促进和推动高校科技成果的转化

科技创新作为国家的核心力量，在新时代背景下正日益凸显其在经济社会主战场中的重要性。通过科技创新的实践，我们能够贯彻新的社会发展理念，开创经济发展的新局面。作为国家科技创新体系的重要组成部分，高校主要通过科技成果转化的方式，将自身的智力优势转化为高新技术，为社会经济提供科技创新的支持。

自 20 世纪 80 年代以来，我国高校在科技成果转化方面已经走过了三十多年的历程。在此期间，高校吸收并培养了大批高水平的科研人才，为国家和社会提供了大量的高质量科技成果，成为创新知识产出的重要基地。然而，尽管我国高校科技成果转化的数量庞大，但转化效率却相对较低。这种状况与我国当前高校丰富的科技资源形成了反差，表明我们在科技成果转化方面仍然存在制度性的障碍，科技转化效率仍有待提高。针对我国高校科技成果转化实践中出现的问题，我们提出以下对策建议，以期改善我国高校科技成果转化的现实问题。

（一）健全高校成果转化法律政策体系，完善成果转化的保障机制

高校科技成果转化是一个涉及多方合作、环节繁多的综合性工程。在这一过程中，政策法律法规体系的健全至关重要，为高校科技成果提供了法律的引导和依据。我国在上世纪80年代即开始出台相关政策文件，形成了初步的法规框架。然而，随着社会的高速发展和市场经济的创新，高校科技成果转化也呈现新变化和新调整。从传统的"技术咨询"和"技术转让"发展到当前的"技术咨询""技术转让""大学产业园区""校企联合研发中心"等多种转化模式，使得科技成果转化的模式和路径更为复杂。当前法律法规仍存在不完善之处，尤其在科技成果产权分割和认证等方面，亟待进一步完善。自党的十八大以来，政府高度重视科技成果转化法律法规的建设，提出了一系列政策文件和改革试点方法，以解决当前科技成果转化中的理念、机制和服务体系等问题。然而，为了更好地支持高校科技成果转化，还需要进一步健全法律政策体系，完善科技成果转化的保障机制。具体而言，主要体现在以下两个方面：

第一，健全高校科技成果转化规范性政策文件，确保"有法可依"-"有法所限"。政府在构建规范性法律体系时，应重视科技成果转化流程的规范化，使整个流程更为顺畅和完善，每个环节都有明确法律依据，形成良性循环的转化机制。重点应加强知识产权的保护，明确归属和切割比例，推动高校科技成果转化走向规范化发展。此外，也需要限定成果转化的主体行为，确保其合法性，对科研人员学术不端和企业知识产权不合规操作等不适宜的做法制定相应惩处措施。

第二，完善高校科技成果转化的优惠性政策文件，确保科技成果能够享

受"法律特惠"。针对不同类型的科技转化成果模式，采取差异化的优惠政策，以满足不同类型模式的需求，确保各类参与者都能够受益。针对自办产业模式的科技成果转化，政府应主动支持高校师生创办企业，为初创型企业制定减免税务和金融贷款的政策，降低创业成本。考虑科技市场的快速变化，应建立"特殊通道"简化法务流程，加速审批过程，使科技成果更快投入市场。同时，对大学产业园内的企业和创业基地提供经费补贴。此外，在高校层面，鼓励师生创业，全面支持教师和学生的创业项目，允许教师留岗创业，学生休学创业。对于科技成果产权划分，给予教师和学生优惠，明确个人所得，激发科研创业热情，进一步支持高校科技成果的转化和创新创业。

针对技术转让模式和技术模式的科技成果转化，政府需明确各主体的职责、权利和义务，建立衔接机制。同时，下放高校权力，探索高校在成果转化全周期的合作、转让和实施许可等方面的自主审批机制。针对接收科技成果的企业，可实施相关的税收优惠政策，促进技术转让和技术模式的发展，增强高校科技成果的实际应用和转化效益。

针对高校—政府战略合作模式的科技成果转化，当地政府应制定区域性政策，减免成果转化成本。在这种合作中，科研人员在当地入驻，福利和居住问题会影响其参与激情，因此政府和高校需关注其物质和生活保障，建立有温度的科技成果转化法规。在成果转化中，政府还需关注资金保障，鼓励社会机构以资金入股方式参与，形成多元化的资金筹措机制。

（二）完善高校科技成果转化的考核评价制度，激发科研人员和专业人员的成果转化热情

高校科技成果转化需要科研人员和复合型人才这两类关键人才的积极参与。科研人员需具备专业知识和市场洞察力，而复合型人才则需深谙技术、知识产权、法律和谈判技能。只有激发这两类人员的参与热情，高校科技成果转化才能取得跨越式进步。考核评级制度作为高校科技成果转化的激励手段，对于影响科研人员和专业转化工作人员的研究方向、观念和职业选择具有重要作用，是高校科技成果转化人员的"指挥棒"。

目前我国高校在科技成果转化方面更偏向"学术导向"，科研人员的评

价主要关注项目、文章和专利数量，强调学术效益而轻视社会和经济效益。从业人员的选拔更倾向于高校内部，注重"学术背景"而非实践经验。这种导向背后反映了政府和高校管理人员对"学术性"的偏好。要改变这一状况，需要从政策层面入手，调整高校的评价标准，强调科技成果转化的社会、经济效益，并在选拔转化从业人员时更加注重其专业性。具体而言：

1.科研人员

科研人员的调整需要在高校和政府两个层面进行。在政府层面，评价高校科技成果转化时应超越简单的学术论文、著作和专利数量，而是根据学校的发展定位进行分类评价。例如，理工类高校可侧重应用技术成果的转化，而文科类高校则可更注重咨询类服务。评价体系应考虑科技成果对地区或整个社会经济效益和社会效益的贡献，使科研人员关注点更加聚焦于解决实际社会需求。在科技成果转化收益权方面，需要更具体和可操作性的规定。

在高校层面，高校应调整科研人员的考核体制，摒弃单纯以数量论英雄的观念，综合考量学术论文数量质量、科研立项和科技成果转化率。科技成果转化工作应成为考核的重要组成部分，建立合理的评价标准。评价科技成果转化率时，需综合考虑其对当地或全社会的经济效益和社会效益。此外，高校还应建立相应的激励机制，对于在科技成果转化方面表现优异、带来良好社会效益的科研成果和团队给予经济奖励和名誉嘉奖，以激发科研人员的积极性和主动性，推动科技成果更好地为社会创造价值。

2.成果转化人员

对于成果转化从业人员，需要在招聘时面向全社会开放，选择综合素质优秀、具备理论基础和市场敏感度、熟悉企业运作并善用市场化手段的人才，避免过于强调学历。在员工入职后，建立完善的人才培养体系，通过前辈经验培训、深入企业实践等方式提升其专业素养。此外，在薪酬体系中引入激励机制，以激发从业人员的管理积极性，增强其对工作的投入热情。从而构建一支专业素养高、具备实际操作经验和市场洞察力的成果转化团队。

（三）推进高校科技成果转化中介服务体系的建设，完善转化主体间合作交流路径

高校科技成果转化是一项多方协作的复杂工程，需要多方主体的协调和多个环节的顺畅衔接。专业完善的成果转化中介服务体系对于确保高校成果转化工作质量至关重要。这种服务体系有助于建立高校科技成果与地区经济之间的相互促进机制，共同将科技成果转化为促进地区经济社会发展的实际生产力。20世纪90年代初，我国高校科技成果转化工作刚起步，高校内部主要设立了成果转化办公室，专业性有限，仅处理学校内部成果转化的基础事务。随着时间推移，到20世纪90年代末和21世纪20年代初，国家出台相关政策文件，批准了6所基础好的高校成立了专职的成果转化管理机构——技术转移中心。与此同时，社会上涌现出大量科技成果转化机构，充当高校科技成果与企业、市场之间的桥梁，为科技成果转化的专业化发展提供了法律保障。但是在我国高校科技成果转化实践中，中介服务机构并没有发挥其本身应有的桥梁连接作用，各大主体和环节中没有形成一个完整且运转流畅的成果转化链条。

从服务职能来看，当前科技中介机构服务单一，主要提供科研成果信息和科技咨询，而在成果转化服务方面存在市场空白，服务效率较低。全国高校科技成果转化机构分布分散，服务能力相对较弱，缺乏专业化的"一站式"服务机构。这导致科技成果转化服务与市场需求存在严重脱节。为推动高校科技成果转化实践，需要解决服务机构存在的问题，提高服务效率和质量，构建更为专业、高效的服务机构体系。

一是建立科技中介服务联盟，形成成果转化全周期的信息对接平台。在当代信息化时代，面对海量而繁杂的信息，构筑一个全周期的信息对接平台有助于解决信息管理和流通难题。通过该平台，各类主体和机构产生的信息都可以上传并分类，为各主体提供方便的信息查阅和筛选，实现更直接、快速的信息获取。这有助于高校、企业、政府等在平台上找到相关的机构并获取所需服务。同时，建立信誉等级评价制度可以增强机构的公开透明度，提升互信程度，构建类似"科技淘宝"的机制。

二是加强科技中介服务机构的政策保障，从法律层面引导中介服务机构的运营和管理。由于准入制度的不完善和低标准，目前，科技中介服务机构存在地区分布不均衡、服务水平参差不齐的问题。为了解决这个问题，政府应该提高科技中介服务的准入标准，确保科技中介机构能够为"买家"市场提供高质量的服务。此外，政府还要给予科技中介服务机构以政策扶持和税收优惠等激励措施，鼓励社会资本流向科技中介服务机构，为其提供资金支持，确保科技中介机构的正常资金流动。

通过以上措施，可以进一步完善科技中介服务机构的政策保障环境，提高其服务水平和质量，为科技创新和发展提供更好的支持。

二、由一般的技术和咨询服务向思想文化引领转变

高校直接社会服务涵盖技术咨询服务、文化服务和社区服务三类。其中，技术咨询服务包括技术支持、管理咨询和法律服务；文化服务以传递道德伦理标准、先进思想观念和核心价值观为主；社区服务主要涉及校园资源开放、知识讲座和志愿者活动等。过去，理工科高校主要提供技术服务，人文社科高校主要提供管理咨询，随着社会的发展和进步，社会对高校服务的需求逐渐升级，领域也变得更加宽泛。

随着全球各个方面的深刻变革，实现国家现代化和中华民族伟大复兴需要不仅依赖经济的硬实力，还需加强软实力的建设。文化在这一进程中扮演着关键角色，必须通过传承与创新，使民族文化与全球多元文化融为一体，甚至成为引领世界潮流的主流文化。中共中央的决定明确指出，文化已成为国家凝聚力和创造力的重要动力，对国家综合实力竞争和经济社会发展具有不可替代的支撑作用。因此，没有文化的积极引领，没有人民精神世界的丰富，没有全民族精神力量的充分发挥，一个国家、一个民族将难以在世界舞台上崭露头角。

在当前的国际竞争中，国家之间的竞争远非仅仅是经济和军事层面的较量，更是软实力的竞争。长期来看，软实力对国家的综合国力提升至关重要。高校应当意识到其在社会中的责任，更加注重服务社会的前瞻性需求，从积

极参与公共道德建设、构建核心价值体系和先进思想体系等领域发挥更为积极的作用，以推动国家软实力的提升。一方面，定期审视并更新社会道德标准和价值观，摒弃过时和阻碍社会发展的观念，及时推出新的有益于社会进步的标准；另一方面，通过深入阐述社会道德标准和价值观的重要性，培养学生正确的道德标准和价值观，提高其道德认知与价值判断能力。

可以说，高校的使命不仅仅在于推动科技发展，提高社会生产力水平，改善人们的物质生活，更应成为人们的精神家园，引领社会核心价值观和文化的发展方向，成为社会思想发源地、智慧的殿堂。在这个过程中，通过培养具备高度人文关怀和社会责任感的学生，高校将在社会中发挥更为深远的作用，助力塑造更加和谐、进步的社会。

高校的社会服务应在追求经济效益的同时，保证自身的文化觉醒，保持学术中立、追求学术自由，承担反思社会和引领社会的使命，以追求全面的社会效益。然而，当前一些高校过于关注经济效益，忽视了对社会问题的深刻反思，出现了使命空缺。要解决这一问题，高校需要自觉回归对社会问题的深刻反考，这既是现实选择，也是时代使命。这一使命的体现不仅在于对大学精神、理想和理念的坚守和弘扬，也蕴含着大学发展内在逻辑的需要。

三、构建社会服务的政策保障体系

社会服务是极具政策导向性的工作，其成功与否在很大程度上依赖政策的支持。通过政策的引导，促使政府、产业、学术界、研究机构和应用方相互融合，推动技术的提升和应用，激发高校在社会服务中的积极性。建立健全社会服务领域的政策保障体系可以主导大学服务社会的模式转变，打破传统管理方式对服务效用的限制，使大学在满足社会需求和保持学术自治与自由传统之间保持平衡，最终实现经济和社会发展的共同目标。

（一）强化科学服务理念以养成可持续服务观

我国高校社会服务职能产生于一个特殊的时代背景下，政府所代表的行政力量很大程度上推动着大学，也推动着大学要承担起"师夷长技以制夷"

的社会责任。到后来，又受"苏联模式"及英美发达国家教育模式的影响，我国的高等教育花费了很长一段时间在学习借鉴、摸索最后找到了一条适宜自身发展的道路。但是由于大学发展的先天不足，未能形成有效的办学传统，加之高校普遍存在重学术轻社会服务的错误观念，导致高校无法认识到为社会提供服务的重要性。一方面，高校在人才培养和科学研究上的投入相对于社会服务更为突出，导致其对社会变化和需求的研究不足，社会服务能力逐渐减弱，难以满足迅速发展的社会需求，削弱了高校的积极性。另一方面，高校专业设置更新滞后于社会需求，趋同发展导致高校特色不明确，社会认可度降低，部分高校产生自卑心理，逐渐封闭自身。这类高校在适应市场经济多元化和社会形势变化方面较为缓慢，社会服务能力亟需进一步提升。

纵观我国高校的成长发展历程，可以发现，高校对社会服务职能的理解一直未能深入，导致高校的服务意识与能力相对薄弱，甚至缺失。因此，迫切需要明确和加强高校对服务社会的认识，塑造可持续的社会服务理念，从被动服务转变为主动服务，以提升大学对经济社会发展的服务自觉性和适应性。

首先，必须正确处理大学各职能之间的关系，坚持以人才培养为中心，确保三项职能的平衡发展。将人才培养置于首位，强调学科发展、尊重大学自治和学术自由，并非刻意为之，而是取决于人才培养模式改革、育人品质提升、大学文化培育和科研成果等多方面的成效。大学学术共同体应注重通过发展学科能力引领社会进步，以学科特色辐射社会，通过合理的制度安排实现有序发展。培养人才的过程既为科研和社会服务提供优质的人力资源，也是社会人力资本增值的过程。

其次，树立优质资源共建共享意识。高校应适时进行校内资源的共建共享，主动融入社会，了解市场需求，与企业机关合作，为社会单位提供支持，并将相关经验融入教学和管理中。同时，可利用校外优质资源进行共建共享，明确自身定位，以特色和优势形成服务竞争力，积极拓展服务路径，注重服务活动的质量和社会反馈，打造属于自身的特色品牌，提升服务领域的品牌影响力和市场竞争力。

最后，需要培养社会服务的伦理意识，理性处理大学与社会的关系。通过教师职业道德培训，提升服务主体在服务过程中的道德敏感度，坚持学术人的品格，并传播高校积极优秀先进的文化理念。至关重要的是培养知识分子的社会责任感，自觉承担批判社会的责任，坚守对真理的追求和对真善美的深刻探索认知，从而实现高校对社会的更深层次的服务。

（二）发挥合理评价导向机制以促进服务多样化

高校在提供社会服务方面，尽管签署了大量合作协议，形式规范、内容实际，但在项目和协议实施方面关注不足。评价机制主要以服务数量为重要指标，用于排名和支撑教师职称评审，但忽略了与社会需求的匹配程度、社会效益增强程度、执行力度以及督查和评价性的弱点。评价体系过于注重科研，而在人才培养领域缺少相应评价体系，无法准确判断高校在人才培养方面对社会的贡献、专业设置与社会需求的匹配等。大学应该是未来社会的引领者，而非仅仅跟随社会步伐。片面的评价体系可能导致迎合、对教学责任的漠视和对服务社会的忽视。在当今多样化的世界中，评价导向应该回归初心，构建社会服务评价体系，帮助高校理解社会服务理念、挖掘自身潜力，实现优势强化和劣势弥补。评价不是目的，而是为了给予高校全方位的理解、学习与借鉴的发展空间，为教师群体和各类高校提供有序的成长空间。

需要强调的是，高校社会服务的对象是社会，因此社会公众的反馈至关重要。吸取公众满意度的评价是客观了解高校服务社会效果的关键。社会服务要根据公众的反馈和评价进行调整与优化，使其更紧密地契合社会发展。外部视角下，完善高校社会服务需要强化市场竞争机制，鼓励专门机构对高校的学科、专业、课程水平进行质量评估，以推动高校社会服务的不断提升。

内部视角下，建立健全分层次、分类别的人员考核制度是关键。科研人员应致力于成果转化，科研奖励应倾向于为社会服务做出贡献者。应用研究、实验开发和技术推广人员的评定应基于获得自主知识产权和提升产业竞争力的贡献。教职工在教学和科研中需保持开阔视野，紧跟时代步伐，解决社会经济发展中的难点问题，贴合国家创新驱动发展战略。

（三）完善服务激励机制以激发服务积极性

在高校履行社会服务职责的过程中，政府的促进作用至关重要。政府应充分发挥促进者的激励与指导作用，明确表达对大学承担社会责任的期望。政府需注重自身领导与期望作用，采用政府推动和全社会支持参与的机制，调动学校、社会、政府三个利益主体的积极性，为大学在社会服务方面提供明确可行的道路。

首先，国家法律和政府政策在促进高校社会服务方面具有至关重要的作用。通过制定相关政策文件，政府督促大学履行社会责任，强化其在教育公共服务方面的职能和责任。这些政策的制定不仅拓展了高校、企业和科研机构的合作边界，同时明确了政府与大学在社会服务中的利益关系，增强了双方的互补性。

其次，高校作为社会组织与其他社会主体有千丝万缕的关系，不同利益主体代表不同立场，需要建立健全的社会合作机制。建立保障大学社会服务正常运转的法律框架是关键，通过法律明确大学资源向公众开放的范围与程度，规范大学对外开放行为。专利转化率低的原因之一是相关知识产权法律不健全，科技成果主体收益得不到保障，转化渠道有限，导致专利雪藏在实验室中未能应用于社会。这表明相关法规在社会服务中存在不足，导致"高校热、企业冷"的问题。

为支持高校履行社会服务职责，国家可以采取多层次的措施。一是设立专门机构如高校服务社会管理协调办公室提供组织保障，建立法规或条例保护高校科研人员的知识产权，为服务提供法制保障。二是通过财政税收政策给予企业或高校高新科技产业园区优惠，成立社会服务专项基金，有力支持高校科研成果的有效转化和孵化。三是地方层面增大对地方院校进行社会服务的资金支持，特别是在人才培养和学科建设方面。鼓励引入来自民间社会的资本力量，推动地方院校形成依靠社会办学、为社会服务的生态链条模式。同时，需要有效监督和促进社会服务市场，完善相关方案，明确责任主体，搭建平台促进地方高校与企业的合作。

最后，需要在高校中培育社会服务的精神文化。通过加强高校社会服务工作的宣传，促进高校与社会的密切联系，让社会公众深刻感受到高校的文化输出及其为社会付出的努力。同时，呼吁社会能够理解高校在发展中遇到的困难，支持高等教育的立德树人事业，最终实现社会支持与高校回馈的良性循环。

第九章　双轨育人视角下就业教育存在问题的缘由分析

就业是民生之本，大学生就业不仅关系到大学生自身的利益和幸福，也关系到千家万户的根本利益。更重要的是，大学生就业还涉及到国家人力资本的储备和增长问题，直接影响到国家经济的繁荣和社会的稳定。随着大学扩招计划的实施，高校毕业生的数量也大幅提升。有数据显示，2022 届高校毕业生规模首次突破千万，受新冠感染、经济下行压力加大等多重因素影响，大学生就业形势更加严峻复杂。

打铁还需自身硬。为应对这一严峻形势，大学生自身的素质提升和能力提升至关重要。在产教融合与社会服务双轨育人机制的框架下，产教融合使学校更贴近产业需求，将课程设置、实践项目与企业需求相衔接，为学生提供更具实用性和前瞻性的知识体系。通过与企业的深度合作，学生在校期间能够接触到真实的职场环境，获取到实际工作中所需的技能和经验，为毕业后的顺利就业打下坚实基础。而参与社会服务项目，学生能够结合专业知识解决实际问题，培养解决复杂任务的能力，同时增强团队协作和沟通技能。这种参与式的学习经验能够提升学生的综合素质，使其更具竞争力和适应力。

第一节　社会就业教育的复杂因素

一、新就业形态对大学生就业教育带来新挑战

在当今世界，生产力、国际力量对比和社会治理模式等方面发生了巨大变革。中国正在经历第四次工业革命，新技术迅猛发展，人工智能、未来技术等成为主导趋势，对社会系统产生了更为强烈的冲击。第四次工业革命的广度与深度超越历史上的任何一次，而就业作为社会个体最基本的活动和社会正常运行的基础，也受到了显著影响。

经济社会的高速发展带来了新的就业形态，科技创新成为国家核心竞争力的标志。新兴技术如互联网、人工智能等推动了高校新兴专业的兴起，吸引了大量学生。新兴产业，如电商和服务平台，已经成为居民生活的主要组成部分，为社会带来相对稳定的就业形态。然而，这种变革也带来了对传统就业模式、旧有行业、管理规范的冲击，损害了旧有行业的既得利益。因此，适应新变化，调整管理规范，成为维持社会稳定和促进全面发展的重要任务。

自十八大以来，中央发布了一系列文件以促进大学生就业，特别关注支持灵活就业和新就业形态。这引起了高校的广泛关注，同时也为双轨育人机制下的就业教育提出了新的挑战和要求。然而，作为培养社会建设者和接班人的主要场所，部分高校对新就业形态的研究明显不足，即便偶有涉及，也存在深度不够的问题。就业指导教师们普遍认为新就业形态对他们而言是一个新名词，需要更多时间和精力去理解和学习，以更好地指导大学生应对这一变化。这表明高校在新就业形态的认知和融入育人体系的过程中面临挑战，需要加强研究和培训，以更好地适应时代的变革。

二、严峻的就业形势给大学生就业教育带来新问题

近年来，随着大学扩招计划的实施，我国大学毕业生数量激增。再加之中美贸易摩擦和经济下行加剧的影响，使得大学生就业形势更是雪上加霜。

这一趋势使得就业问题成为社会热点。在这个背景下，大学生家庭更加关注就业教育，期望通过更好的就业教育帮助子女更顺利地融入职场。

新冠感染的暴发对消费品的供给与需求产生了严重影响，中小企业陷入生存困境，以致于招聘岗位骤减。与此同时，网络行业如线上办公、线上采购、线上视频、游戏、电商和物流等却迎来了迅速发展。这种差异导致大学生更倾向于寻找安全稳定的工作，使得公务员、事业单位、中小学教师等岗位成为热门选择，报考人数再创历史新高。而大学生实践教育的缺失，也对其就业产生了不利的影响。

此外，线上招聘方式的应用，在带来便捷性和及时性的同时，也存在沟通不充分、难以充分展示自己的就业能力等问题，一些大学生对这种招聘形式的适应能力有限。这一系列的因素使得大学生在职业选择和就业准备上面临更多的挑战。

三、西方不良思潮对大学生就业教育的冲击

新自由主义、功利主义、利己主义、拜金主义、享乐主义等西方不良思潮给高校大学生的就业观念、意识形态和价值观念带来负面影响，导致一些大学生的就业价值出现错位。一方面，消费主义作为西方发达国家流行的新价值观，崇尚过度的物质追求，影响了大学生的消费观。一些学生过于追求享乐和奢侈消费，与中华民族勤俭节约传统美德相违背。另一方面，西方不良思潮引入的享乐主义和拜金主义，将金钱视为一切的追求，导致了极端个人主义的泛滥。这种个人主义将个人利益最大化看作唯一目的，忽视了他人、社会、国家的利益。在大学生就业中，这导致了一些学生缺乏诚信，将金钱视为唯一目的，不顾及人际关系，对社会主义核心价值观背离。这也影响了就业观念，使学生短视、只追求个人物质利益，忽略了长期的职业生涯规划，最终可能导致职业选择的失败。因此，需要加强大学生的价值观教育，引导其形成积极向上、社会责任感强的就业观念。

四、封建传统腐朽文化对大学生就业教育的侵蚀

中华文化博大精深，但几千年的传统封建文化对一些大学生仍然产生着负面影响。这主要体现在权威观念、性别观念、职业观念、教育观念和婚姻观念等方面。传统的封建文化强调等级差异、保守的性别观念等，可能限制了大学生的独立思考和创新能力，对现代社会的价值观念产生一定的阻碍。因此，推动对传统文化的深刻理解，培养现代价值观念和创新能力，对于大学生的全面发展至关重要。

第二节　政府就业教育的不完善因素

政府在大学生就业政策制定中扮演着关键角色，得益于中国共产党的领导，党中央、国务院对就业教育高度重视。通过出台一系列政策和采取措施，政府倡导了教育优先发展战略，推动了大学生就业教育的长足进步和改革。在双轨育人机制下，政府有责任进一步健全完善就业教育职能，以确保其在促进大学生就业方面发挥最大效能。

一、政策引导有缺位

我国高校大学生就业制度目前采用"政府监管、市场配置、双向选择、择业就业"模式。然而，由于大学生人数众多，社会需求岗位相对有限，存在供给过剩等问题，导致大学生就业困难。在过去的 10 多年里，高校就业教育主要侧重于提高大学生就业成功率，即指导他们提升就业技能、实现顺利就业，而较少关注思想政治教育的引领作用。

政府作为就业市场的宏观调控主体，在缓解大学生就业难、引导人才流动方面发挥着关键作用，但仍存在一些不足。当前，大学生毕业受到多方面因素的综合影响，包括人事政策、户籍政策、就业政策、教育政策和社会保障政策等。为保障就业市场的良性运转，政府需要制定相关政策，并通过强

化监管确保这些政策的有效实施。这既包括针对大学生就业的具体政策，也包括对人才流动的引导政策，以促使整个就业市场更加健康有序地运行。

政府政策在整个就业市场中具有纲领性的作用，但当前存在政策引领的缺位问题，尤其在基层执行力不足。尽管国家已经制定了强调大学生就业的政策，然而在基层和下级部门，政策执行力度不足，呈现出一定的缺位现象。因此，需要加强对政策的宣传和培训，确保政策在基层得到有效贯彻，以更好地服务和保护大学生就业权益。

二、就业监管有缺失

当前，部分用人单位存在忽视大学生利益、招聘不规范、以及学校歧视、学历歧视、性别歧视等问题，而部分大学生在就业过程中存在不诚信、经常单方面解约等行为，究其原因，就是监管机制的不健全。因此，政府应强化对用人单位和大学生的监管，促使市场行为规范化，确保大学生就业市场的良性运转。此外，政府还应制定更加具体有效的政策，指导和规范市场行为，以更好地引导和培养大学生的就业价值观，促进大学生充分、高质量就业。

三、信用体系不完善

诚实就业是大学生就业教育的关键内容，然而，中国社会信用体系尚未完善，涉及信用的法律体系滞后且分散。缺乏法律保障使得社会上的不诚信行为难以受到有效监督和制约。因此，建立健全社会信用体系，加强相关法律法规的制定和完善，对于促进大学生诚实就业和整体社会信用的提升至关重要。

建立健全社会信用体系的核心在于记录并公开不良行为。作为社会信用制度的一个重要组成部分，大学生信用体系目前也面临着诸多问题。其中，最为突出的是大学生信用记录的不完整以及部分高校对学生信用记录管理的不严格，导致无法准确反映大学生诚信状况。

另外，我国尚未建立完善的失信惩戒机制，使得大学生就业失信成本较低，失信行为频发。同时，一些用人单位的失信行为也未受到足够制约，助长了失信行为在市场中的蔓延，严重破坏了社会风气。因此，建立健全社会信用体系，强化失信行为的惩戒机制，对于促进大学生和用人单位的诚信行为至关重要。

四、大学生实习管理及激励机制不健全

加强社会实习、实训是大学生就业教育的关键一环，但实际操作中却存在一系列问题，比如，学生在实习中面临用人单位压榨和不规范实习的问题，政府在规范和激励用人单位招聘实习生方面存在问题，包括责任约束机制不完善、实习管理不足、法规不健全、激励政策不足。这导致用人单位对接收大学生实习缺乏积极性，限制了大学生实践机会，直接影响了就业教育的实效性。因此，政府需要进一步完善相关法规，强化实习管理，提供激励政策，以促进用人单位更积极地参与大学生实习实训。这样才能促进大学生获得更多实践机会，提高就业教育的实效性。

第三节　高校就业教育的不到位因素

高校作为大学生就业教育的实施主体，在双轨育人机制下发挥着至关重要的作用。尽管高校在推进思政教育与就业教育融合方面取得显著成效，积极落实党中央决策，努力帮助大学生实现充分就业和高质量就业，但仍然存在一些问题需要解决。

一、就业教育与专业教育"两张皮"

人才培养质量是高校生存和发展的基础，思政教育、就业教育和专业教育是重要内容。虽然就业教育和专业教育的形式不同，但目标一致，提高大学生的综合素质和专业能力，增强求职竞争力，帮助实现职业目标。专业教

育是人岗匹配的重要因素。近年来，高校就业教育蓬勃发展，但存在"两张皮"现象，专业教师主要讲授专业知识、专业理论和专业方法，对课程思政的概念、内容、实施等存在不足，影响了思政教育建设的发展和课程思政的质量。一些专业教师认为思政教育是思政课教师的工作，就业教育是就业老师和辅导员的事，与专业老师关联较少。一些高校教师为了落实课程思政要求，在课堂上生硬地加入思政元素，导致既没有达到课程思政的要求，又使课堂氛围尴尬，降低大学生的求知欲望。双轨育人机制下的就业教育需要专业教师积极参与，但目前大部分专业教师只讲专业知识，对就业渠道、就业方向、就业能力等没有涉及，造成专业教育与就业教育的分离。

二、思政教育与就业教育融合不紧密

大学生们往往倾向于选择那些具有青年语言风格的教学语言和丰富有趣有用的教学内容的课程。然而，现实中，一些高校教师却只是照本宣科、念PPT或者敷衍了事，这种教学方式枯燥无味，很容易导致学生们感到困倦、走神，甚至缺课。另外，一些辅导员由于工作繁忙，可能会缺乏教学积极性，这也会影响到教学质量。专业课教师如果没有能够充分发挥"课程"与"思政"的有效作用，也会导致教学质量不尽如人意。有些辅导员在教授形势与政策课程时，将该课程当作班会课或播放影片，这种做法显然无法达到预期的教学效果。形势与政策课程作为一门重要的思政课程，应该引起足够的重视，并采取有效的教学方式来提高教学质量。

近年来，思政教育和就业教育在互通互融方面取得了一定成效，但在双轨协同育人的新格局下，二者的融合度还不够紧密，需要进一步深化。不高的融合度可能对大学生的就业能力和正确就业观的培养产生不利影响。具体表现在：

第一，当前思想政治教育与就业教育的融合发展机制尚不健全。尽管部分高校已成立大学生就业服务中心，专项负责培养大学生的就业能力，但在双轨协同育人的就业教育过程中，出现了权利与责任界定不明确的现象，对学生就业观念的形成有所忽视，未能够全面实施有针对性的就业教育。从表面上看，即使在思想政治教育与就业教育相结合的过程中，一些高校仍存在临时性的退缩问题。他们仅在大学生毕业前提供相应的就业指导与思想政治教育，而未能够形成思想政治教育与就业指导的系统体系。同时，部分学校在将思想政治教育与就业教育相结合的效果方面还存在不足。

第二，思想政治教育与就业教育的结合过程中，存在着内容单调、融合度不高等问题。这种情况限制了通过综合运用思想政治教育来强化对学生职业观和就业观的指导，同时也没有在培养学生的法律意识和道德精神方面突出重点。此外，未能将与就业相关的法律和法治内容融入其中，这将对思想政治教育的有效性产生负面影响。

第三，思想政治教育与就业工作的实效性未能充分结合。目前，在思想政治教育与就业教育的互动过程中，整合模式过于简单。教师对大学生就业相关内容或思想政治教育内容主要采用灌输式和口头讲解的方式，所教授的内容也存在过时落后的问题。忽视对大学生有针对性的培训和全过程、系统化的教育，甚至只是对大学生进行简单的培训和指导，无法采取多元化的培训和整合方式。这种随意的整合，影响了大学生就业价值观和就业能力的培养。一些思政教师认为，思政教育与就业教育结合不够紧密，他们在讲述思政课时，更多地关注学生的道德教育，而没有联系到学生的就业教育方面。

作为就业教育的重要组成部分，就业指导教育对于大学生顺利就业、成为合格的社会主义建设者和接班人具有重要意义。其目的是帮助大学生根据自身特点和市场需求，选择能够充分发挥其才能的职业，实现个人理想。然而，当前一些高校的就业指导教育存在短暂化、简单化、形式化、重管理轻服务等问题。首先，就业指导教育的时间过于集中在毕业时，未能贯穿整个大学阶段。其次，教育内容局限于国家政策和招聘信息，忽视了对大学生自我探索、职业心理、职业生涯规划等方面的培养。

此外，一些高校在召开就业工作推进会、动员布置会、形势报告会等时，往往涉及面较广而缺乏针对学生个体特点、发展目标和发展前景的细致指导。有些学院在开会时也常常讲套话、行话，无法满足学生的实际需求，导致学生对此类会议失去兴趣，与就业指导教育的目标相悖。

三、就业教育理念稍显滞后

（一）大学生就业实践育人能力还需提升

人才资源是未来发展的关键，各国纷纷采取措施强调培养学生的就业实践能力。社会实践有助于将专业理论转化为实际运用，成为大学生课堂教学的重要补充。中共中央、国务院明确提出社会实践是大学生思想政治教育的重要环节，对于增强社会责任感、培养品质等具有不可替代的作用。尽管如此，目前仍有很多大学在培养理念上偏重理论教学，对学生实践能力的培养不够重视，一些实习安排也显得形式化。有些高校在组织就业实践时，注重学生的就业实践能力，但忽视了思想政治教育的重要性。部分高校的就业实践活动也存在走马观花、游山玩水的现象。出现这一情况的原因在于：

第一，大学生对实践活动的作用认识不足。有的认为社会实践会干扰正常的教学秩序，有的视社会实践为额外负担，产生厌倦情绪，直接影响了社会实践活动的有效开展。

第二，为追求社会关注，部分高校就业指导教师将就业实践活动变成形式主义的花架子，注重外在形象而忽视实质效果。以组织大学生到聋哑学校帮扶为例，缺乏基本手语准备使活动失去实际效果，对育人目标产生一定负面影响。

第三，高校就业实践活动的评定标准存在不合理和不统一的问题，各校标准差异较大，甚至有些高校没有明确标准。一些高校偏向关注表面功夫，如是否上新闻媒体或现场效果，却忽略了实际效果和学生的全面收获。导致为了达到评定要求，出现浮夸和形式主义现象。这些问题的存在影响了大学生就业实践活动的真正效果。

（二）就业教育理念需要更新

部分高校在就业教育理念方面存在一定的不足，例如在育人理念上对社会主义核心价值观缺乏深入的理解，对于如何将思想政治教育融入就业教育也缺乏深入的思考。此外，就业教育师资队伍的水平也存在一定的差异。这些问题都对高校大学生就业教育水平的提升产生了一定的阻碍作用。主要表现在：

第一，高校就业教育主要侧重于就业技能指导，将教育局限于培养大学生的就业能力。这种价值倾向导致高校过于关注就业率，不利于大学生职业发展和就业教育体系的健全，同时也对大学生的价值观、思想道德和心理状态产生负面影响。

第二，将就业教育的内容单纯理解为帮助大学生顺利就业是片面的。实际上，就业教育的核心目标在于推动大学生职业生涯的长期发展。尽管目前众多高校已设置与大学生就业教育相关的课程，但多集中在大学毕业阶段开设。在如此短暂的时间段内，仅通过几堂课程对即将毕业的大学生实施就业观念教育显然是远远不足的。这种短暂的教育形式只能大致讲解就业技巧和方法，无法深入阐述职业选择方面的正确观念，更不用说融入社会主义核心价值观的内容。这会导致大学生在接受就业教育时缺乏积极性和进取心。大学生就业观念的培养与教育需要系统性和长期性，并将其融入社会主义核心价值观，注重培养学生的坚定意志、理想信念、诚信意识，而不是仅仅讲述面试技巧和方法以及如何提升学生的求职技能等。

（三）就业教育课程内容需进一步完善

中共中央办公厅《关于培育和践行社会主义核心价值观的意见》明确将社会主义核心价值观纳入国民教育总体规划，覆盖基础教育到高等教育各领域。尽管我国高校在培养和实践社会主义核心价值观方面已经取得一些成就，但在高校就业教育课程实施中仍存在内容缺乏系统性等问题，具体表现如下：

1.就业课程内容缺乏社会主义核心价值观的整合及核心价值观导向

从总体上看，在实施过程中存在着偏离以人为本的教育理念的现象，功利主义和人文素质欠缺等现象依然存在。一些高校从面试技巧、求职策略等方面开展培训活动，却忽视了道德、人文等方面的价值观教育，使社会主义核心价值观教育内容流于形式，导致部分大学生对就业观、职业观等价值观教育缺乏深入了解。

一是高校就业指导课程存在社会主义核心价值观教育内容匮乏的问题。尽管中央提出将核心价值观融入高校教育，但一些高校的就业教育课程过于注重提升技能，对于核心价值观的引导不够明显，甚至将其视为次要内容。

二是在高校就业教育课程中，存在社会主义核心价值观教学不够生动、与大学生自我意识和心理健康关系不密切的问题。教育活动缺乏对大学生就业实际需要的针对性，社会主义核心价值观在引导方面的作用不足。这导致大学生对就业的实质意义缺乏深刻认识，缺乏发展眼光，影响了择业时的决策。为培养和践行社会主义核心价值观，就业教育课程不仅应关注就业知识和技能，还应引导学生树立正确的就业价值观和培养职业道德。

2.就业课程设置盲目而分散

高校就业教育课程设置偏重技能提升，缺乏对学生价值观的引导，导致就业教育过于功利化。一些学校将就业指导课程仅作为提高毕业生就业率的短期措施，忽视了以人为本的教育理念。这种倾向可能使大学就业教育脱离科学理论和精神指导，与人才培养目标脱节。

3.就业课程的建设没有遵循大学生成长成才规律

就业教育的目标旨在促进大学生的全面发展和培养其成才。在高校就业教育课程建设中，课程模块建设是核心环节。需要面对的主要问题包括确定每个模块的教育目标，明确每个课程模块的发展阶段以及在该模块中着重培养的能力方面。然而，一些高校由于就业指导教师数量不足，在大学生就业教育理论课教学采用"大班""大课"的授课形式。尽管就业相关的理论知识是全面的，但这些课程通常安排在大三下学期或大四第一学期，此时大学生主要精力集中在找工作或备战考研等事务上，导致学习精力不足，一心两用，学习效果不佳。

此外，由于大学生就业指导课程仅针对毕业生开设，这在一定程度上削弱了学生的主体地位，未能充分关注学生的发展需求和愿望。第二课堂实践活动缺乏社会主义核心价值观的指导，特别是未能将立德树人的根本理念纳入就业实践活动中，没有将其贯彻到学生的就业行动实践中。

四、就业教育保障体系弱化

就业是民生之本。随着就业在民生建设中的重要性日益提高，政府、社会和高校越来越重视大学生的就业教育。但是，我国就业教育保障体系的建设还明显滞后，与就业有关的保障政策在实施和对接过程中仍然存在体系亟待完善、总体规划不完整等问题。

（一）就业教育保障体系仍需进一步健全

近年来，每年数百万名应届大学毕业生面临严峻的就业形势，就业压力不断增加。政府对大学生的就业指导教育重视程度逐渐提升，但由于资源、政策等多方面因素的影响，就业教育保障体系仍需进一步完善。

首先，大学生就业服务存在不足，主要表现在就业市场服务场所和服务内容的不均衡，以及对就业信息的更新、管理和服务水平的相对缺乏。为提升服务质量，需要在这些方面进行进一步的完善和加强。

其次，高校对大学生就业的关注程度存在差异，主要体现在领导层是否贯彻一把手工程、是否设立专门的管理机构以及是否配备专职就业指导教师等方面。由于领导层对就业的态度、就业教育机构设置和专职教师的配置存在不平衡，导致一些高校的就业教育体系发展不够均衡。

最后，部分高校的专业课程设置未及时跟上社会和就业市场的发展变化，导致部分专业与就业市场脱节，影响了大学生的就业前景和高等教育资源的有效利用。具体表现在两个方面：一是部分高校存在就业教育理念偏向重技能轻理论的趋势，注重技能培训而忽视理论学习。就业教育观念在对就业教育性质的整体把握和对发展规律的理性认识方面具有基础性的作用。面对全球的技术革命和产业转型，构建高素质、结构合理的人才队伍是必不可少的。因此，就业教育不仅仅应侧重于技能培训，还需要科学的理论支持。二是部分高校的就业教育过于功利化。由于我国的就业教育起步相对较晚，相关理论和实践还不够丰富，一些大学认为其使命仅在于协助和引导大学生找到实习和工作岗位，而忽略了价值观、组织文化、职业道德、职业生涯等内容的培育，而这恰恰是就业教育必须强调的核心要素。

（二）就业教育保障体系建设协同程度不够

当前，在就业教育方面，缺乏有效的协同育人机制，政府、高校、用人单位和家庭之间的协同合作尚未真正形成。尽管政府已经出台了一系列优惠政策，但在地方层面，政策配套还存在不到位的情况。此外，对于大学生就业权益的规定相对较少，社会主义市场经济体制下的长效运行机制尚未建立，这给高校培养学生的就业观带来了较大的困难。

高校、政府、用人单位在就业教育方面的合作深度不够。传统的校企合作主要注重科研合作，对就业教育缺乏系统和深入的研究。而校企合作形式偏向建立校外就业实训基地，缺乏以学生就业教育为出发点的深度合作。这种合作模式不适应当前人才培养的需求，社会参与的作用较为单一，支持力度有限。用人单位在大学生就业教育中的参与较少，合作深度不足，更侧重于招聘而非人才培养。解决这些问题需要各方积极参与，深化合作，为大学生提供更全面、深入的就业教育。

（三）就业教育师资队伍建设还需加强

在推进就业教育建设的进程中，教师队伍的建设无疑占据着至关重要的地位。优秀的就业教师能够产生深远的影响，引领大学生群体未来的就业方向。然而，我国在就业教育师资队伍建设方面还存在一些不足之处，亟待改进。具体如下：

1.专职就业指导教师数量较少

大学就业教育的有效性受到就业教师队伍发展状况的直接影响。尽管政府和教育部门有具体配置要求，但很多高校就业指导教学团队中兼职教师居多，专业教师匮乏，有的甚至没有专业就业指导教师。随着大学生数量增加，就业教育老师总量应相应增加，但有些高校没有及时跟进，尤其是专职教师缺乏资历和社会经验。兼职就业指导教师的工作繁忙，导致教学精力不足，影响了教学效果。即使兼职就业指导教师愿意授课，也因为工作繁忙难以深入研究理论，导致课程偏案例多、理论少，虽然受欢迎但未提升学生的理论水平。

2.就业指导教师职业化水平不高

尽管我国众多高校已建立就业指导师资队伍，然而，队伍的职业化水平有待提高，队伍的稳定性也亟待加强。在市场经济的影响下，部分就业指导教师过于强调求职技巧的传授，从而削弱了思想政治教育的整体性。目前，部分大学的就业指导教师主要将精力集中在就业信息的搜集和咨询服务上，对于将思想政治教育融入就业教育的研究还不够。

3.对社会主义核心价值观与就业指导融合研究较少

大学就业教育教师除需具备高水平的教育教学能力外，对社会主义核心价值观教育应有深入认识。然而，一些就业指导教师在实际工作中缺乏对核心价值观的深入研究，导致就业教育的育人质量和效果下降。一些教师更注重专业发展而忽视自我价值教育能力的提高，使得大学生的就业指导与核心价值观教育融合不够。

第四节 用人单位就业教育的不匹配因素

用人单位在市场经济中扮演着主要参与方的角色，同时也是招聘社会劳动力的主要来源。随着科技的进步和产业分工的精密化，用人单位也在不断分化和演变。从人力资本和产业划分的角度看，一般可分为两类：以招聘高层次劳动者为主的高新技术型用人单位和以招聘普通劳动者为主的传统型用人单位。高新技术型用人单位对劳动者的专业化程度、专业知识、教育背景和综合能力提出较高要求。不同用人单位的工作内容、业务范围以及文化理念的不同也导致了对大学生的需求存在差异。以销售为例，此类单位更注重毕业生的抗挫折能力和吃苦耐劳能力，而大多数国有企业更看重学历和毕业生的综合素质。

一、选才标准与学生的职业能力匹配度还需提升

大学生的就业观念与用人单位的招聘标准密切相关。由于用人单位通常

只在招聘时进入高校，对大学生的了解可能不够深入、全面。为了在短时间内迅速筛选合适的大学生，用人单位通常采用一些简单的面试方式，如简历筛选、无领导小组讨论、结构化面试等。然而，这种短暂的选拔过程可能导致一些岗位不匹配的问题。尽管高校就业指导教师会对大学生进行面试和求职指导，但这些指导往往仅限于知识层面，而未从用人单位的实际用工需求角度进行。

在双轨育人机制下，大学生的人才培养包括就业指导教育，是一个全程化、系统化的过程。然而，用人单位对大学生的培训通常仅限于入职后的短时间内，与大学生在校园内接受的就业教育存在脱节。目前，用人单位的招聘存在几种情况：一是特别关注高校是否为"双一流"、985 或 211 院校；二是注重学历层次和学习成绩，学历越高越受欢迎。在招聘的初步筛选中，通过简历审查，许多大学生即被淘汰。这可能导致一些实力强但由于学校声誉较低或学历层次较低的大学生也被淘汰。因此，近年来越来越多的大学生选择考研，希望通过提升学历来吸引用人单位的注意。

二、用人标准存在歧视的现象

目前，一些用人单位在考虑劳动成本的基础上更偏向招聘男性员工。他们认为相对于男性，女性在吃苦耐劳方面稍逊一筹，并可能因婚姻、生育及家庭责任等因素影响工作积极性，难以全身心投入工作。2018 年智联招聘的女性专场招聘会调查显示，除了一些常见的原因如晋升机会有限、个人能力和经验不足外，女性处于婚育阶段也成为阻碍其晋升的客观因素之一。

另一方面，一些用人单位在招聘时出于成本考虑，更倾向于优先招聘本地大学生。他们认为本地大学生通常有住所，可以省去住房租金开支；同时，本地大学生熟悉当地情况，拥有一定的人脉资源，能够缩短适应期和磨合期，更快地融入工作；此外，他们认为本地大学生的工作稳定性和忠诚度更高。然而，这种招聘趋势可能影响大学生就业的公平性，导致一些真正有实力且人职匹配度更高的大学生丧失就业机会。

第五节　家庭就业教育的被动因素

作为人生的第一所学校，家庭在大学生的成长过程中扮演着重要角色。家长的就业观念会对大学生的就业价值观产生深远的影响。由于一些家长在孩子学习阶段将主要精力集中在孩子的学业上，认为孩子一旦进入大学，他们的培养任务便告一段落，应由学校来接手。甚至有些家长对大学生的就业教育完全不参与，认为这是高校的责任。即使高校邀请家长参与，有些家长也展现出较低的主动性和积极性，导致大学生就业教育的整体性不足。此外，受社会不良思想的影响，一些家长与孩子的交流中传达的观念在无形中影响了大学生的就业价值观。

一、影响大学生的就业价值观

家庭在大学生就业观的形成中，既是塑造者也是影响者，家庭因素对大学生的就业观起着至关重要的作用。家庭教育方式、经济水平、父母受教育程度、生活环境以及所在地区等因素直接塑造了大学生的就业态度。一些家长受社会环境的影响，将"工作体面"和"待遇好"作为评判大学生就业质量的标准。有些家长过度溺爱子女，导致一些大学生存在自私自利、以自我为中心的现象。由于生活条件优越，部分大学生就业时对工作条件、待遇等的要求较高，但在能力上却达不到用人单位的要求。此外，一些富裕家庭不太关心孩子是否工作，甚至愿意养活他们。有的家长不愿意孩子吃苦耐劳，也不支持他们去基层或艰苦地区工作，导致这些孩子在就业时退缩，不愿意面对挑战。

二、参与就业教育的主动性不够

大学生就业观的培育涉及社会、政府、家庭、高校、用人单位等多重因素，形成一个复杂的内外因综合作用的结果。一些家长缺乏主动了解孩子在校表现、大学规划和未来就业方向的意愿，将就业视为大学的事情，认为高校应该负责帮助学生成功就业。有些家长虽然联系学校，但却只重视学生学业表现，而忽略了对就业教育的关注。学校与家庭的沟通大多限于关爱特殊学生群体，没有广泛覆盖。此外，一些家长认为孩子已经长大，应该由他们自己选择未来的道路，导致一些大学生放任自己，选择"懒就业""慢就业"或考研、考公等逃避就业的方式，而不考虑如何回报家庭和减轻家庭负担。在这样的背景下，全社会需要更积极地参与大学生就业观的培育，促使家庭、学校和社会形成合力，帮助大学生更好地应对职业发展挑战。

第六节　大学生自我教育的非理性因素

作为就业主体，大学生的就业观关系到其就业的最终成效。目前，很多高校的大学生在就业教育方面的最大问题就是就业观问题，其中非理性就业是最突出的表现。

一、责任意识缺乏

高校思想政治教育工作的重要内容之一是培养大学生的责任意识。近年来，随着社会经济的快速发展和人民生活水平的提高，部分高校学生出现了责任意识不强、主动作为能力不足的问题。

责任意识是中国传统美德，同时也是个体对工作的一种自觉认识和思想状态。双轨育人机制下的就业教育，需要大学生具备高度的责任意识，即是在准备就业和就业过程中，个体明确自己的职责和义务，自觉遵守自律原则，不从事不应该做的事情。从思想层面看，责任意识反映了个体的情感反映和情感认同。

当前大学生主要由"90后"和"00后"组成，普遍追求个性化，注重个人情感的反馈，追求个人价值的满足和获得感。由于大学环境、同学和角色的变化，大学生的自我意识和个人意识逐渐增强，因而，在面对各类问题时，他们往往过于关注个人因素，而较少考虑到集体和社会因素。甚至有部分大学生过分强调个人价值的实现，却忽略了集体价值的体现，需要更好地理解和平衡个人价值和集体价值的关系。

大学作为知识的殿堂，为大学生提供了相对简单、单纯的学习生活和人际关系。然而，进入社会之前，许多大学生由于缺乏社会经验和对社会的深刻认知，形成了对社会的理想化认知，与实际社会存在一定偏差。在面对这种情况时，大学生需要重新构建和审视责任意识，逐步调整个体的责任观念。如果缺乏正确的就业教育引导和指导，可能会削弱大学生的责任意识，使其以片面、狭隘的角度看待责任，从而导致对各类问题的认识出现偏差。

尽管有人普遍认为当前就业形势严峻，形成了"大学生毕业即失业"的观念，实际上，并非大学生过剩，而是其就业意愿和实际就业状况之间存在不匹配。大学生普遍将自己视为精英，追求高薪、高福利和高地位的工作，选择倾向于政府机关和国有用人单位，偏好在大城市和沿海发达地区工作。然而，这种就业观念缺乏对国家实际需要的考量，缺乏为国家贡献的责任意识。如果不能跳出个人的角色，就难以从社会和国家层面把握自己在未来发展中的作用，从而导致大学生对自己放松要求、被动学习，影响其就业能力，因此，有必要在就业教育中引导大学生树立责任意识。

二、就业观错误

市场经济的高速发展在促进经济繁荣的同时，也催生了一些负面因素，其中之一就是部分大学生形成了错误的就业观。这部分大学生追求舒适和安逸，更倾向选择大城市和热门职业，而回避基层或偏远地区的工作。他们常常抱怨低收入、待遇不佳，却未意识到这与个人的就业观有关。一些大学生追求高收入、好条件的工作，对条件较为艰苦、待遇低的工作不感兴趣，甚至对创业持消极态度。同时，他们更愿意在人满为患的大城市就业，而不愿意在中小微用人单位、基层等地方就业，导致就业观狭隘，与社会价值脱离。正确的就业观应该注重个人的职业发展与社会需求的结合，避免过分追求舒适。还有一些大学生对未来的职业规划感到迷茫，不清楚自己能够从事何种工作，也不了解自己真实的就业需求。他们在工作中往往得过且过，不求有功，但求无过。这些大学生经常频繁跳槽，未能将个人需求与用人单位的需求相融合，总是认为用人单位未能充分认可自己。同时，他们也未能展现出对工作的敬业精神。此外，部分大学生在就业过程中未能保持艰苦奋斗的优良传统。他们在工作中回避艰苦奋斗的行为，拈轻怕重，学习上也不够勤奋努力。由于缺乏对职业的敬业精神和对用人单位的融入感，这些大学生往往难以找到工作，更何谈实现高质量就业。

三、就业适应能力不够

马克思主义哲学认为，外部条件是制约和影响事物发展的因素。一些大学生将大学视为"象牙塔"，忽视了市场环境的变化和个人能力与职业需求的匹配。他们可能盲目选择职业，忽略了用人单位对专业的需求，导致屡战屡败。随着大学生人数增加，结构性就业矛盾愈发突出，一些大学生未考虑新兴行业需求，过于追求高薪单位，导致一直求职无果。对基层岗位认知不足，认为去基层没有发展，未意识到基层就业是国家大力提倡的方向。一些大学生对就业不公平现象抱怨过多，失去了找工作的热情。

四、就业态度消极被动

当前部分大学生在就业问题上表现出消极、被动的心态，他们缺乏主动、积极的就业态度，往往仅在外力的强烈推动下，才愿意参加招聘会并参与到求职行动中。这种现象的产生，主要源于以下几个方面的原因。

（一）缺乏自信心

一些大学生在面对复杂多变的人际关系和就业市场时，缺乏进取心和自信心，难以处理好社会关系，导致其在就业的希望和失望之间徘徊不定。来自贫苦家庭的大学生渴望找到高收入工作，改变命运，回报家人。一些大学生出于面子考虑，倾向于留在大城市、大机构、国有企业和大公司工作，他们更容易受外部因素干扰，被动应对就业。一些大学生缺乏就业信心，遇到挫折时容易陷入沮丧，感到疲倦、无聊、无助。有些大学生缺乏对未来的规划，认为努力无用，只是混日子。因此，树立积极向上的就业观，增强自信心和进取心，对于此类大学生更为重要。

（二）不提升自身素质

素质可分为先天素质和后天素质，具体可分为思想道德素质、科学文化素质和身心素质等。一些大学生在选择就业目标时，未能充分分析自身素质，缺乏对用人单位要求的正确认知，盲目追求与自身能力、素质难以匹配的工作。以致于在就业过程中犹豫不决，无法果敢决断。而科学文化素质的缺乏，又让他们难以展现出较强的竞争力，容易在求职中被淘汰。此外，这些大学生对自身的思想道德素质缺乏准确分析和定位，导致他们的就业观念比较狭隘，过分依赖家庭支持，缺乏进取精神，无法充分发挥自己的就业能力，展现出自己的就业素质。

（三）没有做好职业规划

清晰的职业规划对大学生的成长成才就业大有裨益。然而，很多大学生缺少对自身性格特征、用人单位和就业市场的了解，对行业前景和就业形势认知不足，不知道也不会根据自身实际情况制定出合适的职业生涯规划，导致其在就业过程中显得较为被动。有些大学生对大学生活缺乏规划，不参与社团活动、社会实践，缺乏提升综合素质的机会；未考取职业岗位相关的证书，对用人单位的招聘流程和规则不了解；就业技能准备不足，专业知识课程学习理解不到位，对专业教育教学的要求漠不关心。面对就业难题，有些大学生会选择考研以延长在校时间，或者在参加招聘面试时敷衍塞责，不主动争取就业机会。因此，必须加强大学生职业规划和实践机会的引导，提升他们的综合素质和职业准备能力。

（四）就业诚信度不高

在就业竞争压力下，部分大学生未能制定全面且系统的职业生涯规划，却通过各种手段进行自我"美化"，背弃了诚信这一基本原则，以提升自身竞争力，从而陷入了就业诚信危机。具体包括：

1.求职简历作假

简历作为求职的敲门砖，是求职者向用人单位展示个人信息的重要工具，也是决定是否被用人单位关注的关键因素。企业的人力资源部门通过简历进行初步筛选，因此简历的质量直接关系到求职者是否能进一步参与面试。一些大学生为了吸引用人单位的注意，过分注重简历的外观设计，但却忽略了真实的个人能力和经历。更有甚者，采用虚构、夸大事实的手段，伪造学历、成绩、工作经历等信息，试图通过欺骗获取更多的就业机会。结果却得不偿失，大大影响了个人的职业操守和诚信信誉。

2.面试时故弄玄虚

公务员和事业单位招聘职位的有限导致了激烈的就业竞争，给求职者带来了沉重的心理压力。为了在面试中脱颖而出，一些毕业生可能会采用夸大事实、虚构履历的手段，试图增加自己的竞争优势。然而，这种做法不仅对个人形象有潜在损害，还可能对所在高校的声誉产生负面影响。另一方面，口头表达能力强的大学生虽然在初期面试中可能占有优势，但若言辞不实，随着面试的深入，可能破坏自己的形象，反倒失去竞争力。

3.伪造证书和奖状

获奖证书是大学生在招聘过程中展示个人能力的有效途径，如 CET-4 和 CET-6、普通话等级证书、学习成绩获奖证书、优秀学生干部证书、计算机等级证书等，因此，部分大学生可能采取伪造证书和奖状的手段来提高自己的竞争力。然而，这种行为一旦被用人单位发现，不仅可能失去工作机会，还可能受到高校的处分。因此，大学生在求职过程中应注意保持真实，避免采用不正当手段，以确保个人信誉和职业发展。

4.频繁跳槽

在面对就业压力和市场竞争时，一些大学生可能因为不了解用人单位情况而随意签订就业协议，而当找到更好的工作时，就会任性地撕毁先前的协议。这种行为不仅对其他学生和学校声誉产生负面影响，还可能占用有限的就业岗位，给用人单位的年度招聘计划带来困扰。可以说，一些大学生频繁跳槽，对工作漠不关心，不仅表现为职业态度问题，更深层次地反映了职业道德的缺失，严重损害了用人市场的正常秩序。

通过对大学生就业教育存在问题的起因的深入剖析，可以清晰地看到，在双轨育人机制的框架下，发挥协同育人的作用，将思政教育融入大学生就业教育，不仅具备可行性，更突显出其必要性。在双轨育人机制下，开展大学生就业教育是一项长期而系统的工程，需要多方协同，多点推进，充分发挥社会、政府、用人单位、高校、家庭和大学生自身的最大合力，持续提升大学生的就业质量，引导他们树立正确的就业观念，将个人的梦想融入中国梦的大潮中，逐步实现大学生就业教育的全员参与、全过程跟进、全方位引导的良好机制。

第十章　双轨育人视角下大学生就业教育的对策研究

在双轨育人机制的框架下，构建大学生就业教育体系时应始终以习近平新时代中国特色社会主义思想为指导，深入贯彻落实党的十八届、十九届、二十届全会精神。在此过程中，高校要坚持立德树人的根本任务，将大学生就业教育贯穿于产教融合、社会服务的全过程和各环节，充分发挥社会、政府、高校、用人单位、家庭、学生等各方的最大合力，多元、多维、协同育人，形成课程育人、科研育人、实践育人、管理育人、服务育人、文化育人、组织育人的长效机制。

第一节　构建双轨育人机制下的大学生就业教育体系

产教融合与社会服务双轨育人机制是对当下育人项目、载体、资源的整合，更是对长远育人格局、体系、标准的重新建构。在双轨育人的框架下，构建大学生就业教育体系，需要破立并举、善于创新，为办好中国特色社会主义大学、培养德智体美劳全面发展的社会主义建设者和接班人贡献力量。

一、总体目标

在双轨育人机制下，构建大学生就业教育体系要以大学生为中心，以立德树人为根本原则，将大学生就业教育贯穿于产教融合、社会服务的全过程和各环节，实现入学—适应—确定—实践—就业创业生涯发展的良性循环，打造规范化、专业化、多元化、职业化的优秀就业队伍，采用课程育人、实践育人、协同育人、网络育人、服务育人的优秀育人方式，将思政教育、文化教育、行业教育、创新创业教育、学科教育与就业教育深入融合，最终推动大学生就业能力的提升，使其树立正确的人生价值观、就业价值观，使个人理想融入国家发展伟业，进而推动经济发展和社会进步。

二、工作原则

1.坚持示范引领，整体提升

应充分发挥部分高校及优秀毕业生成功典型特色的示范引领作用，以点带面，推动高等教育就业教育水平全面提升。

2.坚持同心合力，统筹推进

要充分动员社会、政府、高校、用人单位、家庭等各方面的力量，形成有效合力，共同推动就业教育育人能力的提升。应该统筹规划，协调各方面的资源，确保提升就业教育育人能力的目标得以顺利实现。

3.坚持求真务实，注重引导

各高校应紧密结合实际情况，发挥学科特性和学校特色，把就业教育有机融入各高校的人才培养体系。同时，重视大学生就业观念的教育和引导，促使他们将个人发展与国家发展紧密结合，将"小我"融入"大我"，为祖国的发展贡献力量。

4.坚持以生为本，创新为径

应尊重每位大学生的个性发展需求，创新育人方式融合模式，确保每位大学生都能接受到符合自身特性的生涯规划与就业指导教育，从而提升他们的就业创业能力，并进一步提高就业质量。

三、育人模式

（一）建立多元素、全方位、多维度的育人模式

一是凝聚共识，构建涵盖多元素的协调育人机制。利用各种平台使家长充分认识到"家庭、学校、社会"三方教育的重要性和必要性。例如，家长可以通过校领导接待日、就业教育课开放日等平台，适当参与学校的就业教育工作，加强家庭对学校育人的参与感，积极配合和支持学校的就业教育。

二是加强资源整合，建立全面的共享与互补机制。在学生家长中，整合来自不同行业的优秀人才和资源，邀请在专业领域取得杰出成就的父母在大学举办论坛，分享他们的工作经验。

三是构建平台，建立多维度的交流互动机制。在新生入学时，向家长发放"家校联系一本通"，以便家长及时了解孩子在校的学习生活动态，从而更好地进行鼓励和监督。在微信公众平台上推出"家长说"专栏，定期推送家长的意见和建议。同时，在线上开展"我与父母合个影""一封家书"等感恩教育活动，以实现互动交流的有效合力。

（二）实现镜像式、个性化、导向性的学校—社会育人模式

首先，精心设计镜像式指导模块。利用辅导员工作坊、名师工作坊等思想政治教育创新平台，进行全面而系统的设计。在准确分析大学生年级层次和所处的职业生涯发展阶段的基础上，有针对性地开展就业教育，以满足大学生的不同需求。

其次，精准构建个性化实践平台。加强与行业、企业、地方、社会服务机构的沟通合作，鼓励学生走出校门，深入基层，体验生活，以磨炼品质，感悟人生。同时，优化专业结构，深化专业课程设置，精准满足学生的个性化发展需求，激发他们的兴趣和潜能。

最后，精准优化导向性育人环境。加大力度清理网络垃圾和不良导向，有效化解社会各种不良风气，从内到外净化社会环境，为学生思想政治教育创造良好的条件。同时，积极弘扬主旋律，传播正能量，引导学生更直接、

全面地了解社会，加深他们对国情、民情的了解，增强他们的社会责任感。

（三）深化协同、协作、联动的学校育人实效

为促进全面育人，学校应强化思想政治工作队伍、家长委员会、校友会等育人力量建设，同时，加强不同育人力量之间的密切协作，确保学校、家庭、社会形成协同育人模式。整体联动是实现这一目标的关键，要建设辅导员服务工作体系，使思想政治教育更加系统、细致、关心学生成长，达成问心无愧、问事无悔、问理无非、问责无虞的工作目标。

四、实施内容

（一）建设"五化"就业队伍

1.规范化

建立一套就业队伍管理规范制度，实施"先培训、后上岗"的准入制。在此过程中，需要将岗前培训、日常培训和骨干培训相互结合，日常培训和专题培训相互结合，以及中长期学习与短期培训相互结合。

2.信息化

致力于显著提升就业指导教师的信息化技术水平，优化职业生涯规划与就业指导教育信息化管理机制，强化他们在信息技术应用方面的能力，进一步提升他们的信息化素质及创新能力；同时，鼓励就业指导教师积极利用"互联网＋"技术进行就业课程教学服务，借此丰富课堂教学内容，提高就业指导的教学效果。

3.专业化

建立一支具备开拓创新精神、高度责任感、良好思想素质和优质职业道德的就业指导团队，该团队应掌握心理学、教育学、社会学、法学等与就业指导紧密相关的基本理论和方法，熟悉大学生就业政策、就业管理业务和就业教育方法，并具备合理的专业结构、学历结构和能力结构。

4.多元化

为提供更全面的生涯指导服务，学校应建立一支专兼职、校内外相结合的多元化生涯指导队伍。校内队伍由高校就业人员、学院就业副书记、辅导员、专职教师等组成，以确保具备专业知识和了解学生就业情况。同时，引入校外队伍，包括优秀校友、政府人员、成功创业者、心理辅导专家和人力资源专家等，以提供更广泛的就业信息和指导，为学生提供更丰富的生涯规划支持。

5.职业化

积极鼓励并支持就业指导教师参与各类培训和学习活动，促使他们获得国家认证的职业生涯规划以及就业教育领域的相应资格证书。

（二）发挥"五种"育人方式

1.课程育人

通过"大学生职业发展与就业指导""形势与政策"等课程的课堂教学，在了解国家、社会形势的基础上，加强学生职业规划意识的培育和就业指导教育，帮助学生科学规划大学生涯，进一步提升他们的就业创业能力，积极应对当前就业市场中的机遇和挑战。

2.实践育人

通过举办一系列内容丰富、形式多样的就业教育活动和思想政治教育活动，积极组织大学生参与用人单位的实习和实践，帮助他们将理论和实践相结合，提升他们的职业规划和就业指导水平。同时，还应致力于增强学生的求职竞争力，帮助他们树立正确的就业价值观。

3.协同育人

加强学校与政府、企事业单位、家庭之间的协同配合，促进高校各部门和各学院之间的协同沟通与合作。通过讲座、沙龙、校企洽谈会和招聘会等多种形式，有效推动毕业生实现高质量就业。

4.网络育人

建设一体化的就业教育信息服务平台，覆盖 PC 客户端和移动客户端，推动就业教育的"三进"：由学校到学院再到班级，由学校信息网到学校公寓电子屏再到移动终端，实现由点到面、层层覆盖，为毕业生提供充分、快速、方便的思想政治教育和就业教育服务。

5.服务育人

以"利国情、重省情、顺民情"为工作导向，以"尊重人、成就人、幸福人"为工作思路，采取"全程化、专业化、精准化"的具体措施，紧紧围绕大学生这个中心，全面、细致、精准地进行思政育人和就业育人工作。在工作过程中，不仅关注学生的知识掌握和技能提升，更加注重学生的全面发展，努力为他们创造更美好的未来。

（三）推动"五类"融合模式

1.思政教育与就业教育融合

将思政教育与就业教育两门课程的教学内容相融合，实现学时互通和学时互认。一方面，重点坚定理想信念、培养爱国主义情怀、提高品德修养、拓展知识见识、培养奋斗精神以及增强就业能力等方面的教学内容；另一方面，将就业教育的相关内容纳入思政理论课实践教学网络平台，引导学生实现个人价值与国家、集体价值在目标上的统一。

2.文化教育与就业教育融合

加强校园文化建设，弘扬中华民族优秀传统文化，注重在就业教育中传承红色基因，构建以"红色文化＋"为特色的生涯教育新机制。举办毕业季文化展和就业创业特色工作成果展，内容包括典型做法、取得的突出成绩以及思政教育典型人物，旨在营造浓厚的文化氛围，引导学生个人发展与祖国发展同行。

3.行业教育与就业教育融合

为了帮助学生更好地了解世界格局、国家发展、行业趋势和职业定位，采用线上线下相结合的方式，邀请优秀校友和用人单位到课堂上进行分享。从多个角度为学生提供全球、中国的发展资讯，以及各行各业的最新动态和人才需求情况。通过这些活动，学生可以更全面地了解国家和社会的现状，并找到自己的人生方向。

4.创新创业教育与就业教育融合

为提高学生的创新创业意识，可以采取一系列措施，包括设置创新创业学分、实施"全员育人"模式、"三学期制""学分制改革"，并组织学生参加全国"互联网+"创新创业大赛、"挑战杯"等比赛。旨在构建"开放共享、协同育人"的特色性创新创业教育体系，以创业带动就业，促进学生全面发展。

5.学科教育与就业教育融合

通过研学活动、校园开放日、招生宣传等方式，让高中生提前了解学校专业设置、学科特色，帮助高中生选择适合自己的学科及专业。通过课内课外相结合的模式，引导不同学科的学生制订合理的生涯规划，将学科教育融入到就业教育中，帮助其在高中期间就树立正确的就业观，为未来实现自己的职业目标打好基础。

（四）构建"五大"教育机制

1.领导机制

在社会层面，建立政府调控、用人单位招聘、家庭参与、高校为主体的大学生多元就业教育体系，发挥各自的最大力量，推进大学生就业教育体系的建设。在高校层面，实施好"一把手"工程，建立学校主要领导带头抓、学校就业工作领导小组统筹抓落实的领导机制。健全学校统一部署、学院组织落实、班级具体实施的就业工作联动机制，推动形成学院党政共管、各系协同配合、毕业班辅导员抓细抓实的"三级联动"学院工作机制。

2.管理机制

就业教育是一项系统性的工程，为保障系统运行的有序性，必须充分发挥管理职能。在就业教育过程中，需要有效地组织实施、进行监督约束、规范运行，同时实施奖惩并行的措施。要建立健全与就业教育相关的制度体系，包括就业指导教师聘用制、就业教育考核制度、就业教育例会制、大学生就业实习实训制等，以使就业教育体制运行更加规范化和制度化。

3.保障机制

为了确保大学生就业教育的顺利开展，需要有一系列客观条件的保障。

这包括政府政策的实施、用人单位的招聘支持、家庭和谐的环境，以及高校内部专门的组织机构。除此之外，大学生就业教育还需要得到场地、人员、经费等方面的支持，例如每年专门拨付给就业教育的专项经费，提供适当的场地，配备专业的就业教育人员。只有确保人力、物力等各方面到位，才能够保障大学生就业教育的有效实施。

4.协调机制

协调机制分为内外两个层面。外部机制主要涉及政府、用人单位、高校和家庭之间的协同合作。只有充分发挥这四方力量的协同作用，才能确保大学生就业教育产生最大的育人效应。内部机制主要指高校内部不同学院、机关以及学生之间的协调工作。通过定期的就业教育活动、推进会、沙龙等手段，建立起长效、有序的沟通协调机制，以确保最大程度地发挥就业教育的效益。

5.评估机制

大学生就业教育的有效性需要进行全面的多维评估，不能仅由大学生或高校自身判断。一个全面的评估机制需要考虑多个评价指标。社会评价是其中之一，主要是了解社会对大学生就业教育的整体评价，即社会对大学的认可度和对学生的认可度。政府评价也是关键，考察政府对高校提供的经费支持情况。用人单位的评价则涉及到用人单位招聘高校毕业生的数量、提供的岗位数量以及为大学生提供的薪酬待遇。同时，高校的自我评价也很重要，通过每个高校年底的毕业生就业质量报告，了解各专业毕业生的就业状况。这样的综合评估机制可以更全面地了解大学生就业教育的实际效果。

第二节 构造"五位一体"的引导场域

就业教育是社会的共同事业，要求全社会共同参与和密切合作。习近平总书记明确指出，教育事业需要家庭、学校、政府、社会等多方共同承担责任。党的十九届五中全会提出了"健全学校家庭社会协同育人机制"，旨在实现我国教育事业中"五育并举"和"三全育人"的结合。就业教育要形成多方合作的有机整体，发挥社会、政府、高校、家庭、用人单位各自的作用，形成"五位一体"的协同就业育人机制，使全社会共同肩负起大学生成长成才的责任。

一、社会要营造良好氛围

当前，世界正经历百年未有之大变局，这是近代以来经济和社会发展最为繁荣的时期。中华民族正在经历从站起来、富起来到强起来的伟大飞跃，离实现中华民族伟大复兴的目标更近、更有信心和能力。大学生是否能够成为社会主义的合格建设者和接班人，关键因素之一在于社会环境的塑造。这既是历史机遇，又是对年轻一代责任的巨大考验，社会应积极引导、激发潜能，确保大学生在时代发展中充分发挥作用，为中华民族的伟大复兴贡献力量。

"互联网＋""数字经济""智能＋"时代的到来使得大学生在享受共享信息、便捷操作、虚拟交互等优势的同时，也面临着日常学习与生活更加依赖网络的问题。此外，大学生正值世界观、人生观、价值观形成的关键时期，受到理性认知和政治鉴别等能力的限制，面对网络上众多资讯信息和多元文化思想，容易迷失在价值认知与选择的迷雾中。因此，要针对网络时代大学生价值取向的现状，全面搭建大学生正向价值观的引导机制。

（一）运用新媒体引导大学生树立正确的就业观

习近平总书记曾强调，新闻宣传工作应坚持正确舆论导向，加强传播手段的建设和创新，以提升新闻舆论的传播力、引导力、影响力和公信力。这一要求给大学生就业教育的新闻宣传工作指明了方向。在当前社会，大学生就业教育备受瞩目，因此，确保正确的新闻舆论导向对促进就业教育的良性发展至关重要。社会各方应当倡导正确的舆论导向，公正地报道与就业教育相关的内容及话题。报道应本着实事求是的原则，全面呈现大学生实际的就业状况，客观介绍就业市场环境，帮助大学生通过媒体了解就业形势、市场情况，以便及早做好准备、制定预案和进行深入分析。新闻媒体要积极宣传大学生就业成功的典型案例，以爱国主义红色教育为准则，多方位宣扬就业创业者的拼搏、吃苦、爱国精神，鼓励引导大学生向榜样学习，向英雄致敬。通过新媒体技术的应用，逐步引导大学生树立正确的择业观和就业观。

为推动社会主义核心价值观在大学生中的传播与实践，应充分发挥微信、微博、QQ 空间、论坛、校园贴吧等网络交互工具的作用。通过多样的网络形式，扩展师生之间的互动圈，同时将核心价值观的传播范围拓展至更广泛的社会层面。以灵活的方式组织与核心价值观相关的时事评论、社会热点、专题案例、领导人讲话等网络资源，并借助信息群发、滚动更新、意见收集、定期交流等引导模式，全时空覆盖。在此基础上，创新大学生价值观网络引导手段与模式，根据大学生身心发展需求，开发专业学习 APP 软件、建设微信班级交流群与 QQ 专题学习群、制作与传播符合核心价值观内涵的电子图册、动漫、FLASH 歌曲、短视频、微电影等素材，以及筹办主题网络微课堂等慕课（MOOC）教育形式。这些措施旨在潜移默化地规范和引导大学生正确的价值认知、价值判断与价值取向，提升其对社会主义核心价值观的理解与应用能力。

（二）推进网络育人的正向引导

第一，为保障社会网络平台的良好运行，应强化监管。社会相关部门需完善监管的规章制度，实施网络实名登记制。对于网络平台上存在的不良信息，如色情暴力、文化霸权、恶意攻击、扰乱国家秩序、影响公共安全等，应及时屏蔽与清除，并依法对不良媒介平台和组织进行警告、打击和严惩。对误导大学生违法犯罪、危害身心健康的不良门户网站和客户端，要坚决关闭。同时，设立网络信息纠察举报系统，拓宽官方主流价值观念宣传渠道，以最大限度地降低网络消极影响。

第二，为维护校园网络传播环境，需在技术层面提升用户身份识别与验证的管理能力，构建安全防护体系，强化对网络突发事件与安全隐患的监控。建立明确的管理规章，如《学生公共场所局域网管理办法》《校园计算机网络管理办法》，对网络诽谤、攻击党和国家等不当行为进行警告与处罚，规范与督导大学生网络言论与行为，降低校园网络传播环境的负面因素。同样，要审视和强化校园网络传播渠道的自身建设，改进内容信息的检查和传递模式，建立畅通、健康的言论传播机制，创造良好、和谐的校园网络传播氛围，帮助大学生客观、理性地看待与评价社会热点问题。

（三）丰富网络育人的引导资源

为引导大学生价值观的良性发展，应整合规范网络阵地的信息内容，明确以马克思主义为指导的主流思想理论宣传网站。

第一，建设理论宣传网站，必须坚决遵循马克思主义指导思想，凸显网站的政治性、灵魂性与方向性。特别要创设或强化专门的宣传教育网站，重点丰富马列主义和习近平新时代中国特色社会主义理论体系的内容。借助文献共享、分栏解读、专家点评、反思交流等网络模块，确保理论宣传的连续性、继承性与鲜活性，以此为大学生树立正确的政治信仰、政治态度、政治认知、政治热情奠定基础。

第二，在建设理论宣传网站时，需注重整理新时期马克思主义的最新理论成果，充分展示新时代中国特色社会主义的伟大现实成就，引导青年大学生坚定中国共产党的领导，树立四个自信，增强对社会主义价值的认同。特别要在网站上重点宣传和弘扬中国特色社会主义核心价值体系，系统阐述社会主义核心价值观的深刻本质与逻辑关系，提供全方位的讲解，通过挖掘、罗列、宣传先进事迹与典范人物，进一步加强大学生对社会主义核心价值观的拥护与弘扬。

（四）共同塑造公平公正的就业环境

为了构建公平公正的就业环境，政府、高校、用人单位、家庭应当协同合作，发挥各方优势。中央政府已出台有益于大学生就业的政策，各省市政府应根据地方实际情况制定相应政策，共同努力创造公平公正的就业氛围。高校需积极与政府联系，强化校地合作，与政府部门协调，实施"三个优先"原则，确保公共就业经费、帮扶规划和服务资源优先满足高校大学生的需求。通过优化体制机制，共同营造积极向上的大学生就业帮扶氛围。

近年来，高校大学生人数增加，就业难成为社会焦点，导致一些人持有对大学生就业悲观的观念。实际上，有些毕业生未能立即找到工作是正常现象，社会应包容理解，给予积极回应，鼓励他们适应时代变化，正确面对就业挑战，调整心态，端正态度，树立与社会经济发展、国家发展需要相适应的就业观。

（五）塑造以优良的道德风尚为主流的社会环境

社会主流价值观的导向直接影响着大学生的价值观，而道德风尚则是孕育价值观的土壤。良好的道德风尚有助于创造和谐的人际关系和良好的人文环境，但如果与优秀传统文化相冲突，就会引发与大学生就业观、价值观的冲突和矛盾。因此，为了有效引导大学生树立正确的就业价值观，社会各界需要共同努力，营造积极向上的社会道德风尚，通过正能量引导，对大学生的就业观产生积极正面的影响，确保社会就业教育引导的科学性、合理性、稳定性和高效性。

第一，坚持中国共产党在社会舆论阵地上的绝对领导地位，将"党领导一切"的原则贯穿其中。首先，加强党对新闻、出版、宣传、理论、广播、电视、文艺等社会舆论阵地的全面领导，以社会主义核心价值观为引领，将其融入社会和就业教育。通过正面宣传，团结、激励、肯定的方式，凸显社会主义舆论阵地的凝聚力、吸引力、号召力、感染力和说服力。同时，要勇于揭露、批判社会中的不良现象，积极弘扬正能量，为大学生价值观的正面引导工作提供支持。其次，坚决贯彻社会主义核心价值观在就业教育中的统领作用，坚决抵制和批判拜金主义、享乐主义、新自由主义、功能实用主义等错误思想观念。持续坚持马克思主义与社会主义核心价值观社会引导和高校主导的多元化形态，逐步培育出大学生主动参与、全员参加的良好氛围，塑造社会主义主流价值观的良好社会风气。

第二，引导社会先进文化方向，促进社会文化的全面繁荣，推动文化产业和事业的不断创新，为大学生就业教育提供多样化的素材。同时，重点打击低俗、劣质、粗俗、色情、暴力、庸俗的文化产品，侧重发挥社会主义核心价值观的引导作用。通过博物馆、科技馆、图书馆等大学生教育实践基地，积极塑造社会性活动中心的价值观效能。此外，定期举办公益性大学生文化活动，鼓励和引导大学生参与团日活动、捐书活动、升旗仪式、爱心志愿帮扶活动等，激发他们对社会主义文化事业的兴趣，深刻感受和了解社会主义文化产品，增强其对共产主义信仰、集体主义信仰的坚定信念，提升集体主义思想、爱国主义情操，强化对社会主流价值的认同。从而增强其家国自豪感，弘扬民族精神，激发历史使命感，提高他们对社会主流价值的认同度。

第三，提升大学生生活水平和幸福指数。社会主义核心价值观与社会主义制度密不可分，目前我国社会的主要矛盾已经转化为人民日益增长的美好生活需要和不平衡不充分的发展之间的矛盾。这就意味着满足人民的美好生活需求已成为当前的关键。为让人民尤其是大学生认同和捍卫社会主义制度，必须切实提升整体生活水平，增进就业幸福感。通过满足公平、正义、民主、法治、环境、安全等方面的需求，激发大学生积极践行社会主义核心价值观，促进社会良好风气的形成和维护。

第四，充分发挥道德模范的榜样模范引领作用。道德模范的人格魅力、爱国精神、道德力量，能够发挥示范带动作用，帮助、激励大学生不断学习、效仿，从而自觉转化为自身的价值意识与行为取向。通过加强个人品德、家庭美德、社会公德、职业道德等方面的修养，自觉形成以礼让宽容、修身律己、服务奉献、崇德向善、守信光荣为特点的社会主义文明道德新风尚。

第五，建立健全社会风尚的保障机制。要明确政府等行政主体的职责分工，通过制度建设和完善，确保管理主体各司其职、各尽其用，从而有效避免行政主体存在的懈怠推诿、相互扯皮的不良现象。作为社会生活的基本单位，社区是大学生参与社会服务实践活动的有效载体。通过志愿帮扶、公益助人等活动方式，可以提升大学生的社会责任感和服务意识，进而促进高校与社会的良性互动，在践行社会主义核心价值观的同时，助力社区与高校的共建，形成良好的社区文化、和谐的社会风尚。

二、政府要完善服务体系

政府对高等教育职能的实现程度既代表了政府在高等教育管理中权利与职责的关系，也折射了高等教育改革与发展对政府所赋予的神圣使命。特别是在就业教育领域，政府发挥着不可替代的角色，通过完善就业教育服务体系，确保就业教育的有序进行和有效实施。

（一）做好宏观调控

大学生就业难主要源于供需矛盾，即大学生人数的增加远远超过了就业市场的岗位数。解决这一问题是就业教育的首要任务，因为只有在基本生计问题解决的前提下，才能更好地引导大学生提升就业技能，实现顺利就业，并最终将个人的发展融入国家价值体系。

政府在促进大学生就业方面应明确职责，按照"政府促进就业市场调节就业，大学生自主择业"的原则，通过宏观调控就业市场体制，确立大学生市场化就业理念。政府可以运用各种经济手段，如税收、利率、信贷等，保障社会主义经济的有效发展和增长，从而积极促进大学生就业。在市场机制运作中，政府不直接参与，而是通过宏观调控监督就业市场，对不端行为进行制约和制裁，保障市场的正常有序运行，并在社会公平公正的基础上，合法帮助处于弱势的大学生群体。

政府的宏观调控功能在大学生就业中具有多方面体现。通过制定法规和细则，政府保障大学生的合法就业权益，并建立完善的就业教育保障体系。同时，政府提供就业帮扶政策，支持大学生创业和提供经济援助，增加就业岗位，并通过校企合作和招聘会拓宽就业渠道。为促进高校产学研，政府增加科研经费和提高教师待遇，为用人单位吸纳毕业生提供经费支持。

（二）实施大学生就业优先的经济发展战略

1.产业结构优化升级

中国是中等收入国家，但产业结构存在偏差，主要表现为第二产业比重高、第三产业比重低。为优化产业结构，尤其是提高第三产业比重，城市化是关键。城市化有助于服务业发展，而服务业发展受益于城市的人口聚集效应。政府在城市化推进中应明确职能，指导城市规划、建设、管理、基础设施和生态环境保护，市场机制应在协调大、中、小城市发展中发挥基础性作用。为优化第三产业内部结构，必须加速第三产业管理体制改革，打破垄断，促进新服务业发展，形成统一服务市场，消除对大学生就业的不合理限制。

2.大力发展非国有经济

非国有经济特别是个体经济的发展已经成为中国经济增长和就业吸收的重要力量，然而，在法治建设方面，涉及非公有制经济权益保护的法律相对零散，管理体制不够系统。因此，政府需要在执行宪法规定的基础上，加强对公民财产权的保护，维护市场主体的平等和合法权利，特别是加大对非公有制经济权益的保护。此外，为巩固现代市场经济中的信用关系，需要采取有效措施，确保各种产权在市场交易中拥有平等权利，以建立公平竞争的市场秩序。

（三）健全大学生就业公共服务体系

第一，建立全国统一的大学生就业市场信息网络。通过共享信息化平台，方便用人单位和大学毕业生进行随时随地的招聘和求职活动，以提升招聘过程的高效率和便捷性。

第二，建立和完善大学生就业市场大数据分析制度，以提高就业市场运行的科学性和智能化水平。主要是整合近年来的大学生就业信息、形势分析以及与就业相关的法律法规，通过大数据比对分析，逐步优化就业市场机制。这既能为政府制定更有效的就业政策提供数据支持，又能通过媒体的监督确保就业信息的准确性和真实性。

（四）建立高等教育投资风险保护体系

从动机和目的来看，个人和家庭投资高等教育主要是为了获得一种心理享受和精神满足，以及通过劳动力和智力再生产达到提升社会地位和提高经济效益的目的。而决定高等教育投资的有效性最终就体现在大学生的就业状况，就业状况好意味着投资回报率高，反之则为低。为降低高等教育投资风险，需建立高等教育投资保护机制。

第一，建立大学生失业保险制度。这一制度包括取消就业限制、提供自主创业支持、在基层就业享受各种优惠政策、提供暂缓就业等。尤其对建档立卡的贫困大学生，还提供了优惠贷款和就业补贴。这些政策旨在为毕业生提供更多的保障，降低就业风险，促进他们更好地融入社会。

第二，完善高等教育收费制度，以解决高等教育扩招导致的成本问题。在大扩招条件下，高等教育成本转嫁给了个人和家庭，导致很多大学生认为只有通过顺利就业才能收回成本。由于大学生数量增长迅猛，就业市场出现供大于求的情况，增加了教育投资的风险。因此，政府可给予高校学生，如贫困生、公费师范生等一定的补贴，以降低其读书的成本。

（五）建立大学生就业教育支撑体系

根据就业形势的变化，及时进行摸底调查，并制定相应政策，确保大学生就业政策的贯彻执行。

第一，为加强大学生就业市场法治建设，建议政府成立专门的就业监管机构，确保相关法律法规的有效实施。对于用人单位在招聘中的歧视行为和其他违规行为，以及大学生的任性就业违约行为，应严厉惩处。政府还需强化对网上就业市场的监管，审查招聘信息，防止不良信息的发布，处理虚假信息，以创造公平、公正、有序的大学生就业环境。

第二，根据就业形势的变化，出台相应政策促进大学生就业。比如，教育部组织的"我为毕业生带岗"活动，鼓励高校招聘第二学位和科研助理；政府扩大公务员、基层就业、"三支一扶"计划；教育部推出"24365"就业帮扶政策，提供线上就业指导和心理调节服务；举办全国互联网＋创新创业大赛，对获奖团队提供资金支持和创业扶持；省市对获奖创业项目提供优惠政策和补贴等。

三、高校要创新育人方式

全国高校思想政治工作会议强调，要将立德树人作为高校的根本任务，进一步加强青年大学生的思想政治教育，指导学生增强理想信念，立志成才，为实现中国梦贡献力量。高校应以立德树人为核心任务，构建双轨育人、协同育人工作格局，形成全员育人、全程育人、全方位育人的就业教育体系，帮助学生形成正确的人生观、世界观、价值观，培养全面发展的社会主义建设者和接班人。

（一）构建双轨育人、协同育人的工作理念

高校就业教育以什么样的理念开展，决定着高校就业教育工作的方向、原则与工作方法，也关系到立德树人就业教育目标的实现程度。构建双轨育人、协同育人工作理念，需要从以下几个方面着手。

第一，高校要在双轨育人、协同育人的机制下，完善顶层设计，构建"党委统一领导、党政齐抓共管、校院层层落实"的就业教育工作机制。该机制要求履行"一把手"责任，领导班子成员负责就业工作，学院院长书记作为学院就业第一责任人，制定责任清单，确保全校上下共同服务就业教育。校院两级党委要加强领导，为高校就业教育工作提供条件和支持，形成强大的合作力量，确保就业教育工作贯穿学校工作的全过程。

在高校就业教育中，加强领导至关重要，否则，就难以改变就业教育的管理松散和条块化问题。因此，高校要在全面考虑各年级学生的思想状况的基础上，根据大学生心理发展特点，结合思政和就业教育的一致性，对就业教育制度和内容进行科学规划。既要体现大学生不同阶段的特征，又要保障就业教育的连续性、系统性，确保就业教育能循序渐进、螺旋上升，实现双轨育人、协同育人机制下的顶层设计。

第二，倡导"立德"与"树人"，以及"育才"与"育人"相互促进的

理念。这种理念强调德育和智育之间的联系，通过思政理论教育，引导学生热爱党和国家，树立正确的理想信念，培养独立人格和优良道德品质。同时，结合学科特色，助力学生学好理论和专业知识，提高就业能力。此外，通过培养学习、做人、做事等综合能力，促使大学生成为合格的社会主义建设者和接班人。

第三，与时俱进，创新就业教育理念，形成就业教育的长效机制。高校应根据发展规律，创新思维、方法和思路，激发大学生就业教育的内生动力，整合思想政治教育和就业教育，创新教育目标、思路、方法和路径，建立切实有效的双轨育人机制下的就业教育长效机制。比如，将就业教育目标分解，根据不同年级的特点制定差异化的教育内容和形式，实施具体细致的分工，建立清晰的职责分工和可量化的就业教育工作体系。

（二）促进高校就业教育与思政教育、人才培养、学术研究、红色基因传承的大融合

1.构建人才培养与就业教育的融合发展机制

一是统一思想。加强育人功能，将师德师风教育融入各类培训，确保全体教职工了解并履行育人责任。同时，通过校院领导与学生班级联系、教师担任辅导员等制度，建立起"全员就业育人"的活跃氛围。

二是健全机制，通过整合各方力量来全面提升人才培养质量。在构建"党委统一领导、党政齐抓共管、学工委组织协调、职责任务明晰、发动大家来做"的协同育人就业教育工作模式的基础上，细化了"发动大家一起做"这一关键环节的具体操作，将学院、学科、专业、教师、党团学干部以及就业指导教师等各方力量进行深度整合，共同作用于促进学生健康成长这一核心目标。这样不仅解决了就业工作"最后一公里"的问题，还实现了全方位、无死角的人才培养效果。

三是精准定位，加强人才培养体系构建。根据不同专业的要求，科学制定人才培养目标，积极推进"课程思政"建设，构建素质模型，规划成长路径，并将就业教育元素融入各年级、各学期和各重要阶段，使就业育人工作的每一步都具备明确的方向和标准。

2.构建学术研究与就业教育的融合发展机制

一是引入全要素融合考核评价体系，强化就业教育在教学质量评价中的地位，将学生的多方面表现纳入评价指标，包括职业生涯状况、成长体验、就业实践收获、就业指导帮扶等。

二是实施渗透式融入课堂实践教学，将就业教育无缝融入专业教育和实践平台。这样的方法通过有针对性的教学手段向学生传递就业相关信息，同时鼓励专业教师积极参与就业教育活动，顺利实现就业教育成果的应用，为学生提供更全面的培训。

三是通过项目化方式提升科研成果质量，加强对就业教育的资助支持和动态管理。强调提高就业教育项目的研究水平和数量，同时鼓励将科研成果有机地融入就业实践教学，促进科研与实际应用的结合更紧密，为学生提供更为实用的培训，更好地发挥就业教育的育人功能。

3.构建红色基因与就业教育的融合共享机制

一是加强"红色基因"校园文化和环境建设，通过红色教育、红色活动，发挥师生典型的引领作用。在校内建立以红色资源为主的活动场地和展示平台，营造传承"红色基因"的良好校园文化氛围，深化学生对"红色基因"内涵的理解。投入专项经费、建立相应的管理机构，推动"传承红色基因融入校园文化"的进程。

二是创新"红色基因"教育媒介和传播手段，充分利用新媒体的优势，建立新平台，将"红色基因"融入高校就业教育。通过创建微信公众号、红色文化网等网络就业教育平台，开展网络红色基因渗透教育，扩大"红色基因"在就业教育中的传播范围。引导学生运用"学习强国"等新的学习载体，通过 VR 等先进技术体验网络就业教育，促进大数据的联合共享，推动网络媒体的协同发展。

三是丰富"红色基因"教学内容和教学形式，引入就业教育课堂。通过研究"红色基因"与各个革命历史时期的关系，找出新时期"红色基因"的特殊表现形式，并将其应用到就业教育中。利用动态教学方式，将"红色基因"融入就业教育理论课程，开发与思政教育相关的讲义，创建"红色基因"基地化教学课程和教学模式，加强大学生爱国主义和民族精神的培育效果，深化"红色基因"对大学生的影响。

（三）加强校园文化建设

校园文化环境是大学教育精神的支撑载体，如果没有能彰显浓郁人文精神的校园文化，大学教育精神将成为无源之水，对大学生价值取向的引领作用也将无从谈起。因此，我们要注重传承高校优良传统品质与大学教育精神，从建设校园环境着手，通过打造丰富、多彩、积极的校园文化，开展健康、有益、正面的校园活动，营造凸显人文精神与优秀风气的校园环境，保障学校教育对大学生价值取向引领功能的充分发挥。

1.合理规划大学校园"硬"环境，树立积极主流价值观念

大学校园的"硬"环境，是指校园的整体规划、空间布局、风格建筑、配套设施等一系列物质环境。它与校园文化氛围的"软"环境相互搭配，共同营造出校园的文化氛围。同时，大学校园的"硬"环境也是校园软环境所必需的物质载体，是传递和影响大学生价值取向的重要因素，可视为一部具有深远影响的"立体教科书"。

首先，在大学校园的建设中，需要注重设计和布局校园人文环境，使其能够充分展示校园物质文化设施的价值标识。教育是个人生命与文化相互作用的过程，文化是具体而非抽象的，是通过特定形式和载体呈现并对人产生影响的。因此，高校在塑造和引导大学生价值观的过程中，应认识到校园人文环境的关键作用，强调教育理念，传承文化历史，凸显主流价值观。比如，大学校园通过雕塑、名言展牌、国旗等丰富的象征性元素，为学子打造一个激励、教育、规导、警示的校园环境。在传统文化和社会主义核心价值观的引领下，巧妙地将各处地点赋予富有引导性、科学性和艺术性的创意名称，如"爱国楼""勤学楼"。这种创新设计不仅呼应了学校的特色和传统，同时通过仪式感的营造，激发师生对社会主流价值观的向往，实现了物质与精神文化内涵的有机融合，为校园文化建设提供理念上的引领和实质性的培育。

其次，高度重视校园自然环境的维护与美化工作，充分挖掘和利用校园自然风景的价值滋养功能。优美的校园自然环境对大学生精神世界产生重要

影响，从宏观的山河湖亭到微观的花草树木，都能在潜移默化中陶冶学生审美、生态、环保、卫生、健康、生命和责任等方面的价值意识。在引导大学生价值取向的过程中，应充分发挥校园自然环境的滋养作用。为此，应加大资金投入力度，号召学生积极参与学校自然环境的绿化、净化、优化和美化治理工作。这将有助于营造美丽、健康、安静、祥和、盎然的自然氛围，使大学生在与大自然的密切接触中深刻感受生命的奇妙、自然的美好、生态的魅力。同时，应在创设校园自然环境的过程中始终贯穿环境育人、文化育人的教育理念，赋予每一个湖泊、每一座山林，甚至每一棵树木以文化内涵。寓情于景、寓教于物，实现校园自然环境装饰功能、审美功能、滋养及教育功能的和谐统一。

2.加强改善大学校园"软"环境，营造优秀校风师风学风的文化氛围

大学校园"软环境"由多个元素构成，包括校风、师风、学风、考风、校规校纪、学校历史等，可通过各种宣传渠道与载体呈现，并对大学生的性格素养、心灵情感、价值观念产生深远而持久的影响，具有陶冶与滋养身心的功能，能够引发共鸣与价值观认同。因此，推动文明校园创建，进行多样化、健康向上、高雅格调的校园文化活动，是营造良好的校园文化氛围，发挥"软环境"价值引领功能的有效途径。

首先，校园文化"软"环境建设应坚持社会主义核心价值观的主导地位。通过深化对马克思主义、习近平新时代中国特色社会主义理论、社会主流价值观的教育，引导大学生弘扬以爱国主义和改革创新为核心的民族与时代精神。这有助于激发大学生自信心、责任观、使命感，培养创新能力，促进他们自我价值意识的觉醒，为校园文化环境的建设奠定正确、积极向上的基调。

其次，应充分利用校园媒介载体，积极展开文化宣传工作。利用校园板报、广告栏、横幅标语、讲座、报告会、广播以及校园网站等各种媒介，广泛传播党的方针政策与社会时政，发布校内新闻和活动安排。借助倡导优秀校风、学风、考风的感染作用，确保大学生持续、潜意识地接收、理解、认同正确价值取向信息，为校园文化环境建设注入正能量。

最后，借助丰富多彩的校园活动与特殊节日，加强校园文化教育引导的感化功能。在大学生日常课余时间、法定节假日、校庆纪念日等特殊时段，

结合大学生主体性特征，组织观看升旗仪式、学习党的重要会议精神、参加学术讲座、欣赏艺术、志愿服务等各类社会服务实践活动，拓宽学生视野，培养学生素养、规范学生行为，激充分激活校园文化环境对大学生价值取向影响的生动性、吸引性与引领性。

四、用人单位要健全公平机制

高校大学生能否顺利就业、充分就业，最终取决于吸纳毕业生的主体——用人单位。用人单位在招聘毕业生时，关键在于其用人观。因此，用人单位应以现实为依据，以未来为目标，建立健全公平公正的招聘机制，为大学生提供良好的就业教育保障。通过这种方式，可以确保大学生在就业过程中得到公平的待遇和机会，同时也有助于提高用人单位的招聘效果和质量。

（一）健全校企合作的就业教育协作机制

为了应对激烈市场竞争，用人单位需要科学规划、高效储备人才，主动与高校紧密协作，结合不同岗位的发展战略，选用适应的人才。为了更好地融入企业，用人单位应根据企业文化和发展战略协助毕业生进行职业规划和职后培训。这也是双轨育人机制下产教融合的要义之所在，即通过专业培训，为用人单位提供高素质技术技能人才，为企业的可持续发展注入了新的动力。这种合作模式不仅对企业有益，也为大学毕业生提供了更多的就业机会和发展空间。

（二）营造大学生公平竞争的招聘机制

为塑造良好的企业形象，实现自身的长远发展，用人单位应建立一个公平公正的招聘环境，吸引更多优秀人才，坚决拒绝因关系设立"萝卜岗"等行为。用人单位需制定招聘管理制度，公开拟录用岗位和资格，设立咨询和监督渠道。同时，采用科学的考核方式，根据岗位特点设置考核题目，并建立科学合理的评分规则和绩效考核制度，规范面试流程，确保招聘过程的公正性、公开性和公平性，维护用人单位的良好形象。

五、家庭要构建和谐环境

家庭是社会的基石，也是人生的第一所学校。对大学生来说，家庭既是他们茁壮成长、实现才华的温床，也是他们遇到困难和内心困惑时寻求庇护的避风港。家庭是塑造大学生个性特点、引导大学生世界观、人生观形成与发展的首要场所，对大学生就业观念的初步形成有着决定性的影响。

家庭对大学生就业价值取向的引导作用，贯穿于大学生成长的全过程，对大学生的价值观具有连续、持久的影响。可以说，家庭是双轨育人、协同育人机制引导的重要前沿阵地和基础起点。为了更好地发挥家庭对大学生就业教育的引导作用，我们应深入理解并有效利用家庭教育环境的特点和规律，充分挖掘家庭教育环境资源，依托家庭教育的连续性、持久性、广泛性、全面性、权威性、包容性等优势，以合理的方式激发家庭教育环境对学校、社会教育环境的基础性铺垫功能。

（一）构建和谐友爱的家庭环境

家庭教育的实质在于，家长通过自身的言行举止和道德修养，对子女的观念、行为和品格进行潜移默化地感染和引导。家长的教育理念正确与否以及综合素质水平的高低，直接影响到家庭教育的效果和质量。由于部分家长文化素养偏低，教育观念滞后，教育方式存在偏差，例如，对子女过分溺爱、纵容和偏袒，过分注重智力开发而忽视道德培养与人品塑造，教育方式简单粗暴，认同"棍棒底下出孝子"，习惯用体罚、训斥等教育模式。这些错误的教育行为和偏差理念，容易导致大学生产生自私自利、不尊老爱幼、拒绝感恩关怀等行为，进而在以自我为中心的成长过程中逐渐淡漠伦理价值观念。因此，家长们需要注重改善自身的教育观念，提升家庭教育的综合素养。

在思想认知方面，家长应高度重视家庭教育的关键基础功能，充分认识到其对学校及社会教育的必要补充作用。家长可以通过书信、电话、邮件等媒介渠道主动与高校教育人员建立联系，特别是与辅导员、班主任、专职导师等进行交流，以了解子女在校的思想、学习、生活、人际、就业等方面的情况，构建学校和家庭之间的沟通桥梁，为高校引导子女价值取向提供更多信息。

在子女教育中，家长要有"活到老、学到老"的积极态度，不断加强自我学习，包括通识基础知识和就业相关知识等多方面内容。通过自我提升，言传身教，以积极向上的学习精神感染和激励子女。

在教育模式方面，家长应抛弃"重智轻德"片面观念，从规范伦理道德品质、帮助形成正确的三观，同时兼顾智力开发和身心健康的协调成长等多个方面进行全面引导。并主动配合高校教学任务，激发学生的学习兴趣与正当爱好，帮助他们养成良好的精神状态和积极的情感意志。

在管教方法方面，家长应放低身段，积极与子女交流，倾听他们的需求。通过建立家风共识，创造良好的情感沟通氛围，运用自身的人生经验和体会帮助大学生子女了解社会现象和解决学习生活中的问题。当子女犯错时，要勇于批评并协助改正；遇到困惑时，要主动关心并提供帮助。

（二）营造良好的家风氛围

家庭环境是塑造和引导大学生价值观的重要领域，应重视优化家庭文化交往活动，改善家庭文化教育环境。

首先，在与子女的交往中，家长应该对自己有更高的要求，慎重选择交往的伙伴，主动净化自己的社交圈。剔除那些品德差、行为不检、言辞低级的"损友"，为子女树立积极的榜样。

其次，主动选择健康的文化交往活动，扩展家庭文化教育的领域。通过参与亲子读书会、学术研讨、旅行、健身锻炼、志愿服务、博物馆等有益活动，帮助子女培养全面的个性和丰富的科学知识，引导他们形成符合社会主流价值观的正确观念。

再次，激活家风家教的正能量。家长在培养大学生的价值观时，不仅要以身作则展现良好道德风尚，更要将公约道德规范融入家庭传统，通过分享家族先辈的优秀事迹，激发大学生在家庭伦理教育中形成积极的自我价值观。这样的引导不仅为大学生树立了榜样，也在家庭中培养了正向的家风。

最后，拓展家风教育的辐射空间，延伸家风教育的长效影响。家长要主动与学校进行持续沟通，了解大学生子女在学校的状态。通过家风教育对子女潜移默化地渗透，家庭和学校各尽所长，为大学生提供全方位的支持和关怀，共同引导他们的价值观念与价值取向走着求真、求善、求美的和谐方向发展。

第三节　实施大学生"四元契合"的就业教育方略

一、大学生自我教育

如何度过大学生活这一重要阶段，是每一名大学生都需要面对和回答的问题。在这个过程中，大学生们需要认真思考自己的未来发展方向，制定出切实可行的计划，并且积极地行动起来，不断地提升自己的综合素质和能力。

（一）培育自主学习习惯

大学教育的价值不仅在于传递知识，更在于引导学生养成终身学习的习惯和能力。通过不断学习，提升自身素养，将学习视为一种精神理念和社会责任，助力个体与社会的共同进步。因此，大学生将学习置于重要位置，不仅是为了自身发展，更是为了履行立德树人的责任。

当前社会正在经历百年未有之大变局，全球格局、经济方式、文化融合、科教发展都在发生巨大的变化。新技术如大数据、云计算、互联网、基因编辑、人工智能等崭新技术不断涌现，网络化和智能化已成为社会发展的主要趋势。在这个时代背景下，大学生需要不断加强自我学习，提升自身本领，以适应社会发展，与时代同频共振。因此，大学生要把学习作为大学第一任务，让学习成为一种自觉、一种习惯，一种品质，融入血脉中。

（二）锻造自我管理的能力

大学是一个崭新的起点，是大学生获取知识、培养技能、发挥潜力的舞台。大学精神对于塑造个体的成长具有深远的影响，让大学生更加深刻地认识到生命的尊严和人生的价值。然而，大学不是"安乐窝"，需要大学生加强自我管理，自我管理中最难的就是自律和坚持，这是养成良好习惯的基础。因此，要自觉抵制"大学是享受生活"的错误观念，制定计划并有步骤、有目标地实施，通过自省、自律、自强，大学生可以更好地度过这段宝贵的时光，不虚度年华。

（三）培育自我教育的品质

自我教育的本质在于发挥主观能动性，正心正德。高校思想政治教育是大学生自我教育的必然选择。传统的德育方法使学生处于被动地位，限制了教育效果。因此，引导大学生建立自我教育、自我发展和自我完善的意识是自我教育的前提。要让大学生意识到自己是教育过程中的积极参与者和推动者，通过正确了解自己，制定职业规划，确立符合自身发展实际的目标方向，实现自觉的自我教育，自我反省，进而不断完善自我，成为合格的社会主义人才。

（四）唱响自我发展的旋律

自我发展是大学生在内在动力的引导下，通过自我认识和自学实践，独立制定发展目标和计划，自主选择学习内容和方法，并进行自我发展管理的过程。这一过程分为自我意识、自我实践和自我发展三个阶段。大学生以自我为基础，利用元认知能力提升自我发展意识，通过自主实践反思和创新，逐步实现自我发展的目标。这种基于自我内在动力的可持续成长理念强调大学生在成长中的主动性和创造性。

在自我发展的驱动下，大学生应以"爱国、励志、求真、力行"为座右铭，珍惜韶华，培养自主学习的能力，同时要善于自我管理，践行自我教育，日进其学、日增其能、日新其德，不断追求进步，努力实现德智体美劳全面发展，以迎接未来的挑战。

（五）尊重个体，筑造自我引导的需求

大学生是有自主意识和情感的主体，其行为和价值观的形成受到外在因素和内在因素的影响。苏霍姆林斯基指出，真正的教育是能够激发学生进行自我教育的教育。在培育和引导大学生的价值观念时，应当坚持以人为本的教育理念，充分尊重个性，激发主动性、自主性和创造性，使大学生在自我教育的过程中更好地成长和发展。

1.尊重大学生个体发展要求，以成才愿景驱动自我价值引导意识

人的积极性源于对价值的追求，这种价值追求是人们情感与心理的动力因素。对于大学生而言，实现成长成才是他们最迫切、最渴望的需求，这种需求具有强烈的感染性、凝聚性和驱动性。因此，要实现大学生自我引导的价值取向，首先要正视与肯定大学生个体发展的需求，以他们的需求为切入点，树立"需求侧"引导意识。同时，要关注大学生的心理动态，尊重他们在价值观学习中的主体需求，挖掘他们学习的动机和兴趣，从而充分带动他们学习的积极性和主动性。

通过家庭、高校和社会对大学生的人文关怀，创造条件加强与他们的交流对话，疏导他们的心理健康问题。在此基础上，要循序渐进地激发大学生的自主意识，使他们能够客观、理性、全面地认识自我。此外，还要让他们认识到树立正确的价值取向对自我发展和社会进步的重要意义，自觉将正确的价值观念与价值取向融入自己的思想价值体系中，成为合格的社会主义建设者和接班人。

2.科学引领大学生自我素质修养，在情理交融中引导正确价值认同

大学生价值取向自我引导的前提是价值认同，其基础在于价值主体的真情实感。面对不同价值观念、价值行为和价值取向时，大学生会产生诸如鄙视、厌恶、否定、抵制或赞许、愉悦、肯定、支持等不同的情感反应，这些反应源于他们自我价值意识的情感体验表达。因此，为启发大学生坚持学思并重、劝善戒恶、涵养德行，应通过家庭、学校和社会的多元协调引导。同时，要督导大学生敏而好学、省察克制、反省自我，鼓励他们慎独自律、遵约守序、积善成德。应时刻提醒与引导大学生增强自我体验、适应、约束和

调控能力，既要虚心接受外部教育的滋养，也要积极提升自我意志与能力。在开阔视野、增长见识、净化心灵的同时，不断丰富自我、完善自我、重塑自我。在持之以恒地积累人生经历过程中，不断扩充自己的知识构成，将所学专业知识协调组合起来并适时更新，自觉促进自我价值观念向社会主流价值观念靠拢，为形成合理价值取向做好必要准备，督促自己成为适应社会变化与要求的人才。

3.合理助推大学生自我剖析能力

大学生在树立正确的价值取向、进行正确的价值选择以及提升自我综合素养方面，应具备自我剖析的能力。中国传统文化中所强调的"人贵有自知之明""吾日三省吾身"等思想，都强调了正确认识自己、发现自身优点及不足的重要性。当前，随着社会转型进程的加快，人们的生产、生活和思维方式都发生了重大变化，价值观念的多元化使得大学生进行正确、理性的价值选择更具挑战性。因此，要提高大学生的自我剖析能力。应注重激活大学生的自我认同感，积极鼓励他们树立自信心、维护自尊感。同时，应合理引导大学生在面对各种压力时明确自己的角色定位，并在生活中给予足够的关心与呵护。这样，大学生能够在遵循社会主义核心价值观的基础上，实事求是地进行自我评价，自主定位自我价值观念与价值行为。在此基础上，大学生能够以集体、社会和个人的和谐统一为坚定价值立场，辩证理性地看待现实生活中的多元价值观念。通过分析、鉴别和比较不同价值观念及取向的科学程度与作用影响，他们可以不断规范自我价值取向、找准自我价值目标，最终顺利实现自我价值理想。

二、职业素养教育

职业素养是人类在社会活动中必须遵守的行为规范，体现了内在的素质和道德水平。个体的职业行为是职业素养的外在表现形式。职业素养主要包括职业道德、职业意识、职业行为和职业技能四个方面。前三项是职业素养的基础，属于世界观、人生观范畴的产物，随着个体成长的逐渐形成而完善。而职业技能则是支撑职业人生的表象内容，可以通过学习和培训获得。

（一）职业道德

职业道德的概念分为广义和狭义两种。从广义角度来看，职业道德是指员工在其职业活动中应遵循的基本行为准则，涵盖了员工与服务对象之间、员工与岗位之间以及职业之间的关系。从狭义角度来看，职业道德是指在某种特定职业活动中所应遵循的基本道德准则，这些准则反映了该职业的特性和职业关系，并为职业规范提供了基础。

1.职业道德的基本内容

（1）爱岗敬业

在职业和工作中，要以认真负责、尊重和严谨的态度对待，做到一丝不苟、兢兢业业、忠于本职工作。关键在于对所从事的工作心怀热爱，尽职尽责，追求卓越，持续不断地精益求精。

（2）诚实守信

诚实守信不仅是做人的准则，也是从业者的道德要求，是行业树立形象的基石，对职业在社会中的生存和发展至关重要。在职业活动中，诚信是立业之本，缺乏诚信将导致失去信任和支持，错失成长和发展的机遇。市场经济要求遵纪守法，更需要维护职业道德，促进市场交易的正常化，保障社会经济的发展。

（3）办事公道

即客观公正、无私公开透明、平等对待各方，不因个人身份、贫富、亲疏而区别对待。杜绝以权谋私、以权损公、以私害民，假公济私。尤其政府工作人员和垄断行业从业者，更应把办事公道视为基本准则，坚决反对利用职权谋取私利。

（4）服务群众

遵循"从群众中来、到群众中去、了解群众需求、听取群众建议"的原则，以群众的需求和利益为导向，是职业道德的重要内容，也是社会主义职业道德的核心体现。在服务群众的过程中，必须树立全心全意为人民服务的思想，热爱本职工作，愿意成为人民的勤务员。同时，从业人员应具备文明服务的精神，展现出较高的思想道德和文化素质，坚持正义、从善如流、举止大方、主动周到。此外，从业人员在从事职业劳动之前，应对本职工作的性质、意义以及应负的责任有所认识和了解。在履行职责时，应时刻以国家利益、集体利益和社会利益为重。最后，从业人员应勇于对人民负责，以实际行动践行人民公仆的职责。

（5）奉献社会

旨在履行对社会的义务，并主动为他人和社会作出贡献，这是职业道德的最高标准。当个人利益与社会利益发生冲突时，从业者必须将社会利益置于首位。其显著特征包括：一是自愿为他人和社会贡献力量，积极投入增进公共福利的劳动；二是热心、有责任感，充分发挥主动性、创造性，尽全力完成任务；三是不考虑报酬，完全出于自觉精神和奉献意识。

2.大学生职业道德培养

职业道德不仅是职业对从业者提出的要求，也必须成为一种自律行为。在校大学生应主动培养职业道德，学习职业道德规范，树立职业道德意识，提升人格境界。通过积极参与职业道德实践活动，如勤工俭学、挂职锻炼等，接触社会、认识社会、了解社会，更深刻地理解自己的道德责任，从而激励自己更加努力。

职业道德作为一种意识形态，其形成需要长期的积累与沉淀，决非一蹴而就。大学生在学生生涯中养成的习惯往往会对今后的职业生涯产生很大的影响。在校期间的朴素、勇于担负责任、踏实认真的行为习惯，是大学生进入工作岗位后表现出良好职业道德的前奏和基调。因此，我们应该在在校期间就培养职业道德意识，并有意识地进行自我训练，将职业道德的培养融入整个思想道德修养的培养过程中。这样，我们才能做好职业道德的准备，为将来的职场生涯打下坚实基础。大学生职业道德的养成训练，有助于形成良好的习惯，促进谋职就业的成功，同时也有助于培养良好的职业观念、职业作风和职业行为习惯，促进职业生涯的发展。

（1）慎独

强调在缺乏外部监督的情境下，个体能够自觉守德，不做有悖道德的事情。这使得修养成为一种自我要求，将他律变成自律。慎独不仅建立在高度的道德觉悟上，更是一种崇高的道德境界，表达了个体在独处时对道德的自我约束和高尚境地的追求。

（2）内省

通过内心的自我调整和反省，使自己的言行举止和思想行为符合职业道德标准。这是个体自身道德修养的重要方面，也是中华民族优良道德传统的组成部分。内省要求用道德标准对自己进行严格评价，深入剖析自我，全面审视自己，立足于生活和工作实践，保持持续不断的自我改进。

（二）职业意识

职业意识是个体从事职业劳动时对于认知、评价、态度和情感的总体反映，是规范专业行为和活动的具体表现。它常通过法规、行业规范、规章制度、用人单位的相关要求来体现。职业意识在具有社会共性的同时，也受到不同行业或用人单位之间的差异影响。这是每个职业人都必须具备的基本要求，需要时刻铭记并进行自我约束。

1.责任意识

是指在没有监督的情况下，个体能够自我要求，按照制度、规定和道德标准进行工作。它是一种自觉意识，表现为个体对自己、他人、家庭、社会和国家的认知、态度和情感，是自觉遵守规定、担负责任、履行义务的行为。责任感是用人单位非常看重的大学生品质之一，也是造福社会的基本前提。缺乏责任意识会导致敷衍了事，无法承担重任。责任感是一个人在社会上立足的重要资本，是走向社会的关键品质。在社会中，不论职位高低，责任感都是一个人能否立足的决定性因素。

2.质量意识

是指个体自觉保证工作质量的意识。在这一概念中，"质量"既包含工作的范围和程度两个方面的含义。因此，质量意识要求按时、高质量地完成工作。它体现了个体对质量的一种想法和态度，是一种心理因素，同时也是潜在的行为指导规范。在工作中强调质量意识有助于提升工作表现，确保任务高效、优质完成。

3.创新意识

是指在社会和个人生活发展需求的推动下，人们产生创造前所未有事物或思想的动机，并在创造性活动中表现出强烈的意愿、欲望和丰富的想象力。这种意识在人类认知活动中展现为积极而富有成效的特征，是激发和推动创新活动的关键要素，同时也是推动国家繁荣发展的源泉。

4.团队意识

是企业高度重视的学生素质之一，是个体在团队中体现的集体意识、协作能力和协调意识的整体表现。团队意识要求个体为了整个团队的利益和共同任务承担责任，并愿意为团队做出最大的贡献。在团队中，个体以支持和协作为原则，以实现团队的共同利益为目标，追求卓越表现。这彰显了个体对集体的责任感和团队利益至上的工作态度。尽管个体可能拥有卓越的个人能力，但如果无法与他人合作，发挥团队协同效应，个体的潜力将无法达到最大。

5.竞争意识

是基于"物竞天择，适者生存"的理念，认为只有通过竞争，社会才能进步。随着社会的不断发展，竞争也愈加激烈。为了生存和发展，个体必须具备竞争意识，学会在公平公正的原则下，凭借自身实力和努力，在相互尊重、相互信任、相互帮助的基础上不断超越和提升自我，正确理性地对待竞争。

6.标准与规范意识

是指在所有工作中，以单位设定的标准与规范为指导，确保最终的结果符合或超越用人单位的标准。这要求遵守各项规章制度，按照岗位工作规范和操作流程履行职责。对于违反工作标准的情况，必须指正，并及时进行反馈。这有助于保证工作的质量和效果符合预期标准。

（三）职业行为习惯

良好的行为习惯对于高效、高质量完成工作、达到预期目标起着决定性的作用。行为习惯是行为和习惯的综合体现，其中，行为是由思想支配而表现出来的外在活动，而习惯则是经过长时间养成的生活方式。在职场中，职业行为习惯是职业素养的关键组成部分，体现在职业环境中的良好行为表现。这种习惯并非通过短期培训轻松获取，而是需要在大学期间有意识地培养。

通常，规范的用人单位会为新入职人员提供全封闭的培训，使其了解用人单位的文化、员工手册、基本业务知识、安全知识、服务礼仪等。然而，短期培训难以形成良好的职业行为习惯。因此，大学生在校期间就应有意识地培养这些习惯，将大学四年作为形成成熟人格和心智的时机，为步入职业社会做好准备，以避免将不良习性带入职场，影响未来职业生涯。

三、职业规划教育

科学规划职业发展是一种理性思考和明晰目标的过程，涉及了对自身兴趣、能力以及目前职业方向的认知。这种规划要求考虑自己的职业目标是否清晰，与当前方向是否一致，以及在职业生涯中如何取得成功。重要的是要客观、公正地评价自己，制定改进计划，确保职业发展的科学性和可持续性。

（一）做好职业定位

1.主观评价

基于客观现实，考虑个人与社会、个人与单位、个人与家庭、个人与地域，甚至个人与气候、饮食等多方面的关系。这种评价需要准确、客观，考虑到个人的梦想实现与兴趣、性格、价值观等因素。了解自己是一个系统动态的过程，评估时需结合性格、兴趣、价值观、专业、技能等多方面的能力，深入挖掘每一项潜能，不放过任何可能性。

2.客观评价

在职业生涯规划中至关重要，包括了解外部环境，考虑环境对个人和就业岗位的影响。个人的就业能力与自我激励、创新力、领导力、人际交往、沟通交流和分析等多方面的能力有关。整合这些能力并从单位的角度考虑问题，了解单位的期望、发展方向等，有助于树立整体观念并获得上级认可。了解本专业、本行业的地位、形势以及 发展趋势是职业生涯规划的重要步骤。

3.目标定位

目标定位在职业生涯规划中起到关键作用。目标是前进的方向，符合个人实际的目标是成功的关键。大学生在制定职业生涯规划时，应考虑自身实际情况和内外部环境因素，确定短期、中长期和人生目标。职业目标的制定需要精准的职业定位，这关系到未来的职业方向。因此，设计一个阶段性的学习方案对于实现目标、指引方向是非常必要的。

4.积极实施

目标的实现需要积极主动的实施行动。具体而言，要制定详尽的计划安排，不能只是纸上谈兵。实践是检验方案的关键，而不是迅速达到高阶目标。在实施过程中，向前辈、书籍以及各种资源寻求实践经验是至关重要的，有助于目标的早日实现。

5.反馈评估

职业生涯规划的效果需要通过评估来检视。由于外部环境变化，大学生可能会面临各种突发情况和问题，需要及时反馈并进行客观评估和修正。计划赶不上变化，职业生涯规划要及时调整。在制定规划时，应有备选方案，以适应各种可能性，如职业目标的实施方案中有备选选项。凡事预则立，不预则废。对于外部环境和个体情况的变化，需要及时调整职业生涯规划，确保职业目标的顺利实现。

（二）打破"一业定终身"理念

在制定大学生职业生涯规划时，必须认识到职业规划是一个动态变化的过程，会随着个体和外部环境的变化而发生动态变化。因此，我们应该摒弃传统的"一业终身"的观念，以更为灵活和开放的心态来面对职业规划的挑战和变化。

1.事业和职业

打破"一业定终身"的理念并非鼓励频繁跳槽，而是强调保持本心。事业和职业可以合一或转变，关键在于个体的认识、态度和理解。事业和职业可以相互转化，并非一成不变。在做职业规划时，大学生要对什么是职业，什么是愿意为之奋斗终生的事业，有清晰的认识、态度和理解。

2.成功和成就

寻找一份令自己满意的职业是理想的状态。创业人数众多，但真正成功成就事业的人却寥寥无几。不要盲目追求事业，而是要找到能带来幸福感的职业。成功可以通过不懈努力实现，但成就事业却是艰难的。在就业和择业之间，初入职场者无需刻意区分，二者可以同时存在，因为职业生涯受多种因素影响，随时都可能发生变化。

（三）树立分步发展理念

职业生涯是人生的长期阶段，可以分为职业准备、职业选择、职业适应、职业稳定和职业结束五个阶段。大学毕业生的职业生涯规划主要侧重在前三个阶段，即职业准备、职业选择和职业适应。对即将进入职场的毕业生来说，需要有合理的心理预期，包括对工作性质、劳动强度、工作时间、工作方式、同事关系以及上下级关系的快速适应，迅速成为成功的职业者。

寻找最适合且充满兴趣的工作需要进行职业规划。不要等到进入职场后感到迷茫和困惑，最好在大学时期就开始规划。职业生涯规划基于个人特点、兴趣、价值观等，以及社会内外环境等主客观因素，制订符合自身发展实际的计划。这不仅有助于大学生在职场上省时省力，还能帮助他们更好地度过大学生活，实现职业目标。

四、社会实践教育

社会实践在产教融合与社会服务双轨育人机制中发挥着重要作用。通过参与社会实践活动，学生获得更多实践机会，提升实际操作能力，增加职业竞争力。同时，还能促进学生培养社会责任感，更好地理解和解决社会问题，为未来的职业发展奠定坚实基础。因此，在大学生就业教育中，社会实践教育是非常关键的环节。

（一）强化实践引导新常态

实践是培育和引导大学生价值观念的重要途径。习近平总书记指出，为了使一种价值观真正发挥作用，必须融入社会生活，让人们在实践中感知并引领它。对大学生而言，塑造价值观念不仅仅是行为模仿和知识储备，更需要参与实践活动，了解国情、民意，经受磨砺、反思自我，以增长见闻、提升本领、明确使命、担负责任，促进对社会公约良俗的价值认同，弘扬并践行社会主义核心价值观。

（二）探索大学生价值取向实践引导思路

我国在大学生价值观实践教育方面取得了成果，但也存在问题。一些高校对实践引导的认知存在偏差，将其视为课堂教学的辅助或负担，支持不足且缺乏科学规划。在实践活动的运行模式和内容上存在形式主义，范围局限在选拔的优秀学生中，导致效果降低，挫伤大学生的积极性，甚至导致一些学生对实践活动产生负面认知，视其为阻碍学习的负担。

在引导大学生价值观取向工作中，需要改变观念，认识实践活动对引领大学生践行社会主义核心价值观的重要作用。建议结合传统实践方式，创新实践教育形式与方法。提倡转变观念，加强对大学生实践活动的支持，通过长效激励机制促进大学生参与实践的积极性。同时，提倡创新和科学规划，将集中实践与日常学习、广泛社会实践与专题实践、综合素质拓展实践与专业学术科研相结合，确保大学生价值观实践教育引导的覆盖面不断扩大、渗透力不断增强。校园文明修身活动被强调为校园实践活动的核心，对于塑造大学生良好的价值取向至关重要。

（三）丰富大学生校园文明修身实践活动

首先，广泛开展基础文明修身教育，鼓励大学生参与文明党课、文明就餐、文明班会、文明宿舍、文明校园等活动，以促使大学生树立文明价值观和道德形象，夯实弘扬社会主义核心价值观的文明基础。

其次，在各类校园党团系列活动中贯彻文明修身理念，包括理论学习、热点讨论、时事竞赛、文化项目等，以促进大学生深入了解社会热点、国家政策和主流价值观。通过多样的校园文明修身实践形式，从多个角度培养大学生的责任意识、集体意识、服务意识、审美意识和奉献意识，以提高其理想信念和道德素养。

最后，要结合社会主义核心价值观的"三个倡导"，巧妙运用校园仪式性活动如先进表彰、开学典礼、毕业典礼、学位授典、校纪庆典等，通过"仪式感"启迪和熏陶大学生。在参与这些文明仪式的过程中，帮助他们深刻体会社会主义核心价值观对个人成长、生活改善、修养提升、社会助推的重要性，从而自觉、坚定地遵循"三个倡导"的价值规范和准则。

（四）拓展社会服务实践教育渠道

在双轨育人机制下，实现社会多元实践平台的协同配合，有助于推动社会主义核心价值观念的内化和践行，并使其深入到各个领域和层面。作为双轨育人机制的一部分，社会服务实践活动对大学生的重要意义不可小觑。家庭、高校、社区、政府机构、事业单位、企业等各种组织和场所，都是开展社会实践教育的重要平台。例如，高校可以与社会上的相关机构建立联系，如烈士陵园、博物馆、纪念馆、福利院和用人单位等，构建校外实践教育基地，引导大学生进行生产实习、职业训练、社会调研、参观考察和公益服务等主题活动。通过这种方式，大学生可以亲身感受学校以外的社会环境，接受社会优秀文化的熏陶，见证社会主义建设的伟大成就，加深对民情、社情、党情、国情的了解，激发对党的路线、方针、政策的认同，增强与社会人民群众的感情联系，树立实现自我、奉献社会的长远目标，最终自觉形成科学价值观念并践行正确的价值取向。

第四节　打造四方协同的课堂思政

课堂教学是大学教育的基础和核心。思想政治理论课程、就业指导课程、专业知识课程和人文素养课程对于大学生就业观念的培育和机制引导具有至关重要的作用。思想政治理论课程作为我国所有高校大学生的公共必修课，是中国特色社会主义大学的本质要求，体现了中国高等教育坚持马克思主义根本立场的坚定决心。就业指导课程、专业知识课程和人文素养课程则发挥着宏观引领的作用，能够引导大学生树立正确的就业观念，提升其综合素质和竞争力。

同时，高校各类专业知识课程作为提升大学生专业技能和专业能力的关键载体，具有随机性、隐蔽性、渗透性、长期性等固有特征。这些特征使得专业知识课程教育能够以一种更为柔和、亲近、富有弹性的形式拉近大学生与机制引导工作的心理距离，潜移默化地激起大学生对核心价值观念的心理认同。因此，专业知识课程不仅是思想政治理论课以及人文素质课教育的必要调剂和重要补充，更是大学生就业观培育和机制引导工作的重要环节。

就业指导课程旨在指导大学生合理规划大学生活，提升就业能力，以帮助其顺利实现职业目标，并为其他三类课程提供有效补充。

人文素养课程是培育大学生综合素质的重要基石，对于塑造、陶冶、提升大学生的人文素质具有至关重要的作用。丰满、坚实、良好的人文素质是大学生建立正确价值观、树立坚定价值认知、构建科学价值行为的基本前提，同时也是机制引导的底线与防线。这为思想政治理论课教育与各类专业课教育提供了精神文化养料。虽然四类课程在方法作用和效果上存在差异，但相互依存、贯通促进的逻辑内生关系表明了四者和谐统一的可能性和必然性。为了实现这一目标，需要充分发挥思想政治理论课程的政治引导作用、就业指导课程的能力提升作用、专业知识课程的隐形渗透作用，以及人文素养课程的关怀滋养作用。通过将课程思政联动，并贯穿于大学生高质量就业育人的整个过程，我们能够更好地促进大学生的全面发展。

一、发挥思想政治理论课程的政治引导作用

教育的主要目标首先在于培养思想深度与人格塑造，其次才是知识积累与技能提升。作为大学必修的思想政治理论课程，其核心目的在于帮助大学生建立正确的世界观、人生观和价值观，这充分体现了社会主义大学的根本特性。因此，我国高校应将马克思主义哲学思想、爱国主义、民族精神与时代精神融入思想政治理论课程中，通过这些课程帮助青年大学生在先进理论与哲学思想的熏陶下，掌握认识世界、改造世界的智慧与方法。由于思想政治理论课程的学科属性和课程性质，它在大学生的价值观培育、引导价值取向等方面扮演着主阵地、主课堂、主渠道等重要角色。

（一）坚守以人为本的培育理念，满足学生主体价值期待

习近平总书记强调，思想政治工作应关注学生的需求，服务于学生的成长。价值观的培育和价值取向的引导，其根本目的是通过干预学生的价值思维，以实现塑造和培养他们的教育目的。作为具有独立意识和能动性的价值主体，大学生在接受教育的过程中，会对思想政治教育的价值及其满足自身发展与需求的程度进行预期性评价。因此，在大学生机制引导过程中，思想政治理论课程应适应学生的价值需求，满足他们的价值期待，并尊重学生的主体价值地位。

一方面，遵循以人为本的培育理念，贯彻立德树人教育方针。鼓励思想政治理论课程教师在教育过程中兼顾多元角色，包括指挥者、管理者、合作者、协助者等。强调教师应以贴近时代教育要求、贴近教学实际困境、贴近学生真实思想困惑为基础，不断提升思想政治教育对大学生的吸引力。

另一方面，要切实履行"坚持以青年为本，尊重青年主体地位，把服务与成才紧密结合，让青年有更多的获得感"的根本遵循。提倡充分还原大学生在思想政治理论课程中的价值观学习主体地位，通过问卷调查、集体访谈、实地观察、重点沟通等方法深入了解大学生对思想政治理论课程的价值期待，持续激发他们配合思想政治理论课堂教育、主动接受和认同社会主义核心价值观的积极性与能动性，进一步挖掘其对价值观学习的潜在自觉性和主动性。

（二）创新思政课程教学内容，创新思政课程教育方法

思想政治教育的内容应随着时代的发展而不断更新，保持先进性和创造性，这是思想政治教育发展的内在要求。因此，大学思政课程的教学内容和教学方法也应该与时俱进，以更好地实现思想政治教育的目标。

第一，在条件允许的情况下，各高校可组织校内外学科专家与精英教师，共同编撰与思想政治理论课程规定教材相匹配、与不同学科特色相结合、与学校历史文化特色相贴合的社会主义核心价值观辅导讲义或读本。通过这种方式，促进教师在讲授思政课程时能够利用特定的辅助教程与学生深入交流，加深大学生对核心价值理念的认知认同。

第二，思政课教师应积极提升综合能力，既要充分利用世界文化、中华民族历史文化和中国无产阶级革命实践的教育资源，也要合理联系中国特色社会主义建设成就的教育素材。教师需辩证借鉴大学生身边事件、社会新闻、网络热点等综合资讯的教育价值，不断提升对教学内容"史实结合、活引活用、就地取材"的本领，强化社会问题的正面引导，避免内容的重复和抽象，切实增强思政教学的时效性、灵活性和吸引性。

第三，大学思政教师需要结合思想政治理论课程的既定内容，做好与中学思想政治理论课程教育内容的衔接。教师应善于将机制引导的内容渗透到思政课程的各个节点，实现思政课程内容体系与价值观培育体系之间的自由转化。

第四，改进思政课堂的教学方法。

首先，摒弃传统思政教学机械、单向、纯粹的"理论灌输"模式，采取以输入为目的、以互动为手段的"启发"式教学方式。通过课堂交流、专题辩论、情景模拟体验、学生备课讲课等形式，遵循"讲解基础知识—提出思考问题—引领实践体验—推动反思交流"的步骤，打破思政课堂封闭式教学壁垒，充分唤起学生对思政课程的参与意愿与互动热情，使他们主动接受和认同教师对社会主义核心价值观教育的系统讲解。

其次，利用网络媒介与新兴科技，在日常多媒体教学的基础上，加强思想政治理论课程与网络话语、大学生日常话语的整合。通过构建微博、微信交流群、QQ空间、快手、抖音等网络不同载体，搭建思政课堂新媒体教育平台，为大学生提供自由学习、评论、沟通、反馈的渠道。变"权威结论式"教学为"交流式"教学，援引鲜活时代模范与真实事迹案例，将先进人物、时代榜样的高尚价值观融入思政课堂。协调课程教学显性思想信息与价值导向隐性意识，增强思政课程教学对大学生价值取向的感染、感召与感动，提升思想政治理论课程教学方法的鲜活性、引领性与时效性。

最后，创新思想政治理论的考核模式。根据不同年级、不同专业的学生特点与情况，合理分配案例分析题、资料理解题、文献论述题等贴近社会现实与学生实际的题目分值权重。结合试卷考试的基础上，构建"以知识为基础、以能力为核心、以素质为目标"的系统考核模式，全面评估大学生对社会主义核心价值观的学习效果。

二、建立"三全育人"的就业指导课程体系

（一）新生入校阶段

一是在新生入学教育中融入就业教育，将高校特色红色文化和传统文化融入招生宣传和录取工作中。通过贯穿整个入学教育过程的思政教育、职业规划教育、集中教育和日常教育，建立新生入学思政教育的长效机制。

二是在军训教育中融入思政教育和职业规划教育，加强新生爱国主义教育。通过军训帮助新生进一步端正思想、锤炼品格、增强意志，为新生扣好人生第一粒扣子打下坚实基础。

三是建立学长小教员制度，从大二、大三年级优秀党团骨干中选拔"学长小教员"，帮助新生尽快适应大学生活，协助辅导员管理新生，培养班级学生骨干。

（二）人才培养阶段

一是通过梳理就业教育课程，将不同学院、不同类别的课程可能包含的思政元素进行分类。聘请相关专家研究，制定"课程思政教学改革思政元素参考目录"，明确各类课程可能涉及的思政元素和德育元素，如爱国情怀、法治意识、社会责任、文化自信、人文精神等，同时与红色文化特色相结合，并对每个元素作出详细说明。各学院可根据参考目录，在修订大学生培养方案的同时，明确每门课程应涉及的思政教学内容，以推动课程思政教学改革。

二是要充分发挥专业知识课程的特色，鼓励基层教学单位进行集体备课活动。将思政要素转化为社会主义核心价值观教育的载体，要在精品课程、示范课程的遴选立项、评比和验收中设置"价值引领"或"德育功能"指标。在课程评价标准的制定中，也要设定"价值引领"观测点。此外，每年学校可组织课程思政授课比赛活动，通过评比对获奖教师给予奖励。

三是重点建设和推广精品示范课程，特别是"课程思政"示范课程，每

学期选取一部分课程进行示范建设。具体工作包括修订课程教学大纲、制作新课件（新教案）、提供教育改革典型案例和反映改革成效的材料。强调将主流价值观融入课程，实现理论与现实的并行，使课程与实践相结合，同时充分融合红色资源。还建议着力开发一批国家级在线精品课程，以提高学校课程思政的影响力和覆盖面。

（三）社会衔接阶段

一是力量融合，将就业创业队伍组成由就业指导人员、思政课骨干教师和校外就业创业导师组成的团队。

二是课程融合，将思政教育与就业教育两门课程的部分教学内容相融合，实现学时互通、互认。在大学生就业教育 MOOC 中融入思政元素，引导大学生在培养爱党爱国情感、厚植爱国主义情怀、提升品德修养、坚定理想信念、增强知识见识和增强就业创业能力等方面取得综合提升。同时，将生涯教育和创业教育的内容融入高校思政理论课实践教学网络平台中，引导学生实现个人价值与国家、集体价值目标的统一。

三是实践融合，将生涯教育课程中的 2 个学时作为实践教学环节，邀请优秀校友和企业家授课，推动校内小课堂与社会大课堂相结合。以全国"互联网＋"大学生创新创业大赛为抓手，结合本土红色文化，重点打造"青年红色筑梦之旅"赛道项目，积极发展创客空间，促进创新创业项目与本省产业发展的深度融合，提升学生创新能力和实践本领。

三、加强专业知识课程的隐形渗透

大学生必须树立科学、健康的价值观和取向，才能成为具有高尚的价值理想和良好的职业道德的社会主义接班人。在专业课程的学习过程中，大学生不仅容易接受和效仿专业课教师"无意识"传递的价值观、处世方式及行为标准，同时也受到专业知识课程中隐蔽、随机、无标签的柔性价值理念和价值信息的熏陶和影响。专业知识课程所蕴含的价值观塑造功能具有灵活性、隐蔽性、渗透性等特点，使得专业知识课程可以以更为柔和、亲近、无形化的教育优势，潜移默化地拉近大学生与机制引导工作的心理距离，润物细无声地引领大学生对社会主义核心价值观的接受与认同。因此，应结合专业知识课程教育的学科优势，精准定位价值观培育融入专业知识课程教育的切入点。

第一，要充分利用专业知识课程教育对机制引导的灵活性优势。鉴于专业知识课程注重基础知识培养而非直接的价值观念培育，专业课教师可以在专业知识课程课堂上、专业案例分析中、专业实践活动中，发现、结合并充分利用实际条件，灵活变动地导入机制引导的教育内容。

第二，要善于充分发挥专业知识课程教育对机制引导的隐蔽性优势。由于专业知识课程教学中的机制引导蕴含于基础科学知识的讲授过程中，这种隐蔽的价值观输入方式有助于老师能够以更加自然、柔和、潜移默化地进行机制引导工作。

第三，要充分利用专业知识课程教师与大学生密切交流的主体性优势。借助专业知识课程教师对学生性格和认知水平的深刻了解，切实把握大学生在专业知识课程学习和日常生活中的价值思想动态。通过遵循"文以载道、文道结合"的教育理念，在基础专业知识课程的教学中积极融入职业道德、家庭美德、社会公德等价值思想，促进价值观培育内容在渗透专业知识课程的教学过程中展现更加鲜活的生命力，实现更理想的切入效果。

第四，挖掘专业知识课程教育资源，加强就业价值培育全面渗透。

首先，专业课教师应坚定树立培养学生全面发展的教育理念，坚决贯彻科学教育与思政教育协同、共生与融合的教育原则，高度重视并不断增强对大学生价值观引导及培育的责任与意识。要以自我良好、成熟、完善、积极的思想道德品质与人格精神素养吸引、感染、引领学生，通过言传身教、率先垂范，使学生们在学习的过程中，通过亲身感受教师价值魅力、自觉效仿学习教师价值行为、理解认同教师价值观念，进而不断提升他们的思想道德涵养、端正他们的价值观念与倾向。

其次，要合理挖掘专业知识课程内容本身所包含的价值资源。不仅要善于结合具体专业知识课程本身所彰显的价值作用，引领大学生科学展开对事物有无价值、价值作用大小、价值功能发挥等价值基础意识问题的反思，也要善于罗列具体专业学科中彰显崇高品德、创造杰出贡献、产生积极影响的典范楷模。通过讲述他们的生平事迹与成功之路、赞美他们的治学精神与哲学思想、分析他们的职业奉献与价值作用，借助他们严谨求实、开拓进取、无私奉献、砥砺创新等价值魅力，激发学生价值情感共鸣、引领学生树立健康、积极的价值取向。

最后，要注重将专业知识与实践环节有机结合，以增强价值培育的渗透效果。在专业知识课程中，应通过课堂教学对大学生的职业道德、敬业精神、专业情操、人格素养、学术规范等价值取向进行引导；同时，在实践环节中也要充分体现对大学生机制引导效果的检验，通过开展结合专业知识内容的实践教学，积极构建民主、平等、和谐的专业实践氛围，吸引大学生在积极参与专业知识课程实践锻炼的过程中，不断加深自我价值认知、价值观察、价值判断等能力的培养，自觉提升自我的创新水平与价值思维等综合能力，从而更好地维护、检验与夯实机制引导渗入专业知识课程教育的实效性。

四、加强人文素养课程的关怀滋养

大学生机制引导工作的核心目标在于引导他们成为社会所需的高素质人才。人文素质教育的核心则在于借助文化的熏陶，塑造人的品格、精神、修养，丰富情感，培养具有高尚道德、健全素质、行为规范、思想端正的人才。因此，人文素质教育是大学生机制引导工作的重要基础。

目前，我国高校的人文素质教育主要以综合素质选修课为载体，形成了涵盖语言、文学、历史、哲学、艺术、道德、思想、政治等多领域的教育体系。这些课程蕴含着丰富的价值观培育资源，对于大学生的全面发展具有重要意义。

在开展大学生机制引导的过程中，高校应充分结合人文素质教育课程的功能特征，保障人文素质教育课程的渠道地位，合理挖掘人文素质教育课程的资源养分。同时，应协同思想政治理论课程与专业知识课程，形成合力，助推大学生价值取向的健康发展。

（一）保障人文素质课程选修课时，推进人文素养培育常态化

人文素养选修课程具有诸多优势特点，如内容有趣、考核简单、选择自由、形式轻松等。这些课程旨在满足大学生丰富见闻、提升自我、增强人文素养的需求，因此广受大学生喜爱与欢迎。在课程设置上，人文素质选修课程作为大学教育课程体系中的一部分，其地位与功能往往被低估或忽视。有些高校甚至认为人文素质选修课本身就是"形式"教育、"面子"工程，因此在课程设置上屡屡压缩，导致这些课程成为"可有可无"的存在，游走于大学教育课程体系的边缘。

为了推进大学生人文素养培育的常态化，必须端正对人文素质选修课程的价值认知，结合实际需求、搭配必修课程，合理保障人文素质课程选修基本课时。通过这种方式，可以促进大学生全面发展和提升整体素质，为未来的社会发展和个人成长奠定坚实的基础。

（二）规范素质课程教育内容，凸显人文课堂价值功能

人文素质课程，作为一门涵盖了众多领域的选修课群，蕴含着丰富多元的人文精神和科学素养教育内容。为了充分发挥和利用人文素质课程在价值观培育方面的资源，我们需要对素质课程教育内容进行规范和优化，以进一步凸显和强化人文素质教育课程的价值观引领功能。

首先，应该注重人文素质课程中价值观培育内容的科学协调性。在设置课程时，需要兼顾思想性、基础性、全面性、实用性、普适性、前沿性等素质教育理念，将思想道德情感教育、国际国内时政教育、民族历史文化教育、科学素养知识教育作为重点。同时，可以建立"文学素养与文化传承""艺术修养与审美体验""经济管理与社会发展""科学研究与技术设计""成才指导与就业规划""国际视野与世界文明"等分类体系，以避免内容重复，并能够显著发挥和体现人文素质教育课程对大学生价值观培育的重要作用。

其次，应注重人文素质课程中价值观培育内容的灵活创新性。在课程设置和教学过程中，应充分渗透社会主义核心价值观的基本内容，并强调对大学生价值取向的塑造和引领。例如，在教授身心健康知识、创新创业知识、

科学文化知识等内容时，可以灵活融入个人价值、社会价值、职业价值、道德价值等引导资源，从而激发大学生对自我价值实现的追求，对平等与正义价值的认同，以及对理想与信念价值的向往。同时，还应该开阔思路，积极挖掘人文素质教育的隐藏资源，并合理创新以培养学生价值观念为指向的内容系统。

第五节 健全"三体联动"的就业教育保障制度

大学生就业教育是一项复杂而系统的长期战略任务。在双轨育人框架下，除了社会、政府、用人单位、高校的引导外，大学生个体的自我成才也是至关重要的。为了实现这一目标，需要建立健全"三体联动"的就业教育保障制度。

一、优化就业机制保障

大学生就业教育是一项复杂的系统工程，需要各部门强化统筹协调，创新体制机制，完善制度环境，形成协同育人合力。为此，必须制定和完善大学生就业教育的机制体制保障，包括学科体系建设、资源整合机制、应急机制、岗位职责等，以确保各部分既有联系又有分工，充分发挥合力作用，构建一个层级衔接、相互促进、协调一致、规范有序的就业机制框架体系。

双轨育人机制的内涵是"一体化领导、专业化运行、协同化育人"的思想政治工作理念。构建双轨育人机制的基础是完善顶层设计、组织架构和制度安排。在高校大学生就业工作中，要坚持政府的宏观指导，各级政府需要主动作为、统筹协调，定期研究、部署大学生就业工作，并明晰政府在就业教育中的职责和任务。高校作为就业教育的实施主体，应落实"党委统一领导、就业职能部门统筹安排、各学院具体实施"的就业教育工作机制，用人单位也应积极参与，主动对接，形成共同实施的就业教育体制机制。

一是坚定社会主义办学方向，构建三维决策领导体制。在坚定社会主义办学方向方面，高校应从宏观和微观两个角度加强工作。宏观上，高校应加强社会主义核心价值观体系建设，并将其融入大学生教育教学的总体目标中。微观上，高校应严格要求、规范管理，从政治原则上管控把关，促进高校教师与大学生不断提升崇高政治使命感与严肃政治感。同时，从教育视角上落实监督，持续提升教育者与教育对象关于社会主义核心价值体系"四个方面"教与学的严密逻辑性与科学体系性，避免出现大学生机制引导工作与日常教育管理任务割裂的"两张皮"情况。为了实现这一目标，高校应构建大学生机制引导的决策中枢、决策咨询、决策信息等三维统筹的领导决策机制，以更好地实现社会主义办学方向的目标，提升教育教学质量和管理水平。

二是构建"校党委群体—学生工作部门—二级院系—年级班级"的四级管理链条，以及由书记校长、校学生工作处处长、校团委书记、分管学生思想政治与心理健康教育的副处长或副部长等成员组成的决策中枢系统。该系统负责定期交流、分析大学生价值观培育情况，研究制订相关政策、方针、计划与任务，并对实施后果采取集体负责制。

三是构建翔实全面的决策咨询系统，充分重视在校大学生代表、毕业生代表、校内外专家学者、基层思想政治教育工作者、用人单位等群体的体验及意见，以提升教学效果。

二、优化激励就业机制

随着高等教育的大众化、普及化，国家积极鼓励并支持大学生到西部及基层地区就业，为国家的建设和发展作出贡献。然而，由于条件所限，大学生主动选择到西部或基层就业的数量较少。因此，就业教育的一项重要任务就是引导大学毕业生到这些地区就业。因此，我们需要建立一套有效的激励就业机制，优化激励措施，制定完善的激励政策，以最大限度地激发大学生的主动性和积极性，鼓励他们到西部、基层以及国家需要的地区建功立业。

（一）政府制订激励保障政策

政府作为顶层设计的制订者，在鼓励大学毕业生到祖国需要的地方建功立业的同时，必须做好全程的监督和保障工作。这包括政策项目的设计制定、实施监督、配套安排和后期保障。例如，政府应制定实实在在的优惠政策，以鼓励大学生到基层就业，如"大学生志愿服务西部计划""农村教师特岗计划""选调生计划""三支一扶计划""大学生到村任职计划"等基层项目，确保大学生毕业生能"下得去，沉得住，上得来"。同时，落实并拓宽相应的配套措施，并保障政策的可持续性和长期性。在制订相应配套措施的时候，要确保政策的落实和执行，真正惠及到每一位基层就业的毕业生的同时，统筹使用好政府财政资金，保障大学生的合法补贴及时发放，并做好相应的配套服务。此外，政府应尽快建立健全城乡一体化的社会保障体系，从根本上解决大学生的后顾之忧。

（二）高校要引导毕业生到祖国需要的地方建功立业

第一，高校作为大学生就业教育的主要引导者，应从思想上、学业上引导大学生转变就业观念。首先，高校应加强对基层、农村的研究，调整学科设置，在课程教学内容中加入基层政策解读、基层形式分析、未来行业分析等内容，并顺应时代需求、国家政策需要，相应地调整专业设置，增设相关专业，适应基层需要。其次，对于基层、西部急需的应用性强的专业，或者与这些需求有一定关联的专业，高校应相应增设，并加强应用型研究，做好优化与设计，让这些课程更接地气，更符合基层、西部需要。在课程的设计及教学中，要讲究实用性与应用型，更加重视并优化培养计划，避免假大空。再次，要加强创业类课程的应用型，让更多有志于去农村、去基层创业的大学生，学有所长，学有所用，通过自主创业，带动更多基层群众走向富裕。专科院校更要加大应用型专业的培养，开设更多应用性强的专业，适应基层需要，更好地推动基层、西部社会经济的快速发展。

第二，高校应加强对毕业生的教育引导，推动他们到基层和西部地区就业。一些大学生受到传统观念和家庭影响，认为"学而优则仕"，倾向于选择待遇好、环境优的工作，而从心理上抵触到基层和西部艰苦地区就业。另外，一些大学生认为到基层和农民打交道不符合大学生的身份。这些问题反映出大学生对到基层和西部等艰苦地区就业的个人价值观缺乏清晰的认识。

因此，高校应加强职业生涯规划教育，引导毕业生将个人发展与祖国发展紧密结合。通过职业规划教育，引导他们认识到将个人梦融入中国梦的意义和价值。同时，介绍到基层和西部等艰苦行业就业对未来的职业发展的益处和优势，让毕业生从内心接受并逐渐适应。例如，现在基层和西部就业可以获得额外的补助，在公务员考试中也有专门针对基层就业的大学生的岗位设置。通过职业规划，帮助毕业生明确到基层、西部等艰苦行业就业的价值和意义，以及未来的职业前景，激励他们积极投身于这些工作。

第三，积极提升大学生社会实践能力。实践是检验真理的唯一标准，只有通过亲身实践，才能深入了解基层和西部的实际情况，避免产生抵触或排斥心理。基层工作直接与农民打交道，任务繁杂而辛苦，因此要求大学生必须具备实践和团队协作能力，高校通过组织支教、支农等活动，可以锻炼学生的品行和能力，培养其感恩父母和社会的美德。这些经历会坚定大学生服务基层的理念和信念。因此，为提高社会实践能力，高校应主动联系基层和西部志愿帮扶对象，定期选送学生到这些地区工作，以更好地了解和适应基层，培养价值观和人生观。在社会服务实践中，大学生能了解国情，进行社会观察，学习团队协作和沟通协调能力，同时在自我成长的同时担起社会责任，实现知行合一的目标。

（三）基层单位做好大学生就业服务保障

第一，基层单位应主动与高校对接，向大学生介绍基层政策、岗位条件和待遇，建立与高校的合作关系，通过实习、专业培训等活动，实现资源共享，建立长效机制。

第二，建立招人育人的长效机制是解决大学生基层就业问题的重要途径。为此，基层单位应加大人文关怀，提供全面的培训，解决大学生生活适应和能力不足的问题。建立有效的交流渠道，加强基层大学生的交流沟通，发挥基层党组织的作用，关心、关爱大学生，多方面培养、鼓励、支持大学生创业。同时，要切实保障各项基层优惠政策，解除大学生的后顾之忧，使他们能够全身心投入基层工作，充分发挥专业知识，展现实干能力，实现自我价值与社会价值的统一。

三、优化就业指导教师队伍建设

2002 年，教育部发布了《关于进一步加强普通高等学校毕业生就业指导服务机构及队伍建设的几点意见》。这是一份纲领性文件，着眼于全国高校就业指导教师队伍的建设，明确了对教师队伍的目标、规模和素质提出的要求。文件要求高校尽快提升就业指导教师队伍的整体业务素质，将其纳入整个高校师资队伍建设的核心，同时强调提高队伍的专业化和职业化水平。

2007 年，全国普通高校毕业生就业工作会议召开，教育部多次强调高校就业指导教师队伍建设的重要性，明确提出全国高校必须设立专门的就业指导服务机构，注重调动资源，构建素质高、业务精、充满爱心和奉献精神的工作队伍。要求快速推进就业指导教师的培训和认证，并强调师资队伍建设的关键性，确保就业指导教师享受相应的待遇。这表明国家一直高度重视就业指导教师队伍建设，将其作为保障大学生职业发展与提高就业指导水平的关键因素。

（一）就业指导教师队伍新的要求

近年来，国家高度关注高校就业指导，使得这一领域的师资队伍得到了迅速的发展。新时代的大学生就业教育更加注重内容的丰富性、形式的多样性以及与思政教育的深度融合。这使得就业指导教师队伍在内容、学科、应用和实践方面都展现出新的时代特色。与此同时，协同育人机制的实施为大学生就业教育设定了更高的标准，对就业指导师资队伍的要求也更为严格。

1.提供全员、全方位、全程的就业指导与服务

一是在当前新的就业背景下，就业指导教师的任务不仅是为学生提供求职技巧，更要指导学生做好职业规划，引导他们做出更好的职业选择。比如，推动毕业生到基层和国家急需地区就业，不仅促进人才流动，也为个人提供更广泛的发展机会。同时，就业指导教师还要引导学生将个人价值融入社会价值体系，使其在国家发展中找到个人价值的最佳实现途径。这一变革不仅服务于市场需求，更是培养新一代有担当、有责任心的人才，为国家的大发展贡献力量。

二是现代就业指导教师的水平呈现出更加专业化的趋势。与过去零星、分散、短暂的服务相比，现今的就业指导更加完善和系统化。从以往主要关注就业政策解读和求职简历指导，转变为更全面的职业生涯设计和全程就业教育。高校为提升就业指导教师的专业水平，定期组织师资培训，强调新时代知识理论水平和大学生特征的深入分析。许多就业指导教师通过培训、学习和进修，获得了职业规划师、就业指导师等专业证书，使其更具专业素养。这一变革有助于更好地满足大学生职业发展的需求，提高他们在职业市场中的竞争力。

三是高校对就业指导教师提出了更为全面的要求，摒弃了以往的兼职模式，引入了思政教师、校外导师以及用人单位的 HR 等专业人员。多元化的团队可以更全面地为学生提供就业指导服务。与此同时，现代就业指导人员需具备广泛的专业知识，不仅包括基本的职业规划和就业指导，还需了解法律和心理学等领域的知识，以更好地满足学生多方面的需求。

2.就业指导教师要具备较强的综合素质

就业指导教师的综合素质涵盖了专业知识、职业素质和灵活运用知识的能力等。综合素质高的就业指导教师能够全方位地解答大学生的各类就业疑问，并成功引导他们建立正确的就业观，更好地面对职业生涯的挑战。一是就业指导教师必须爱国爱党、爱岗敬业、爱生如子，同时具备正确的世界观、人生观、价值观，从而有效引导大学生树立良好的价值观。二是就业指导教师必须拥有高尚的职业道德。教师个人品德高尚、品行良好，才能得到大学生的尊重和认可，使他们愿意聆听和接受教师的指导，并进一步树立积极向上的职业理想和职业方向，打心底里爱国爱党，愿意将个人价值融入社会价值中。三是就业指导教师需具备坚实而系统的人力资源管理知识。鉴于大学生主要面向用人单位，其中招聘人员多为人力资源主管（HR），因此就业指导教师应具备人力资源专家的能力，能够在第一时间了解用人单位的招聘规则、招聘流程以及岗位需求，以协助大学生提前适应并实现人岗匹配。

（二）整合、加强、培育好就业指导师资队伍

双轨育人机制强调引入创新思维和多方力量，而就业指导教师作为大学

生就业教育的实际执行者和指导者，在这一机制中扮演着关键角色，因而，其队伍建设尤为重要。

第一，邀请优秀用人单位专家、创业者、人力资源负责人、校友和政府部门负责人等担任高校校外就业创业导师。这些导师每年应进入校园，为大学生提供就业讲座或走进大学生职业生涯规划课堂，从宏观和微观角度提供行业发展资讯和职位信息，帮助学生更好地了解行业趋势和职业定位。此外，高校还应通过行业反馈促进教学改革，提升学生的就业能力。这种闭环的"招生、培养、就业"人才培养联动机制，可以突出大学毕业生的"产出导向"作用。校外导师进校园讲课活动，作为"开门办思政"的一次积极探索和创新，有利于形成全社会共同关心、支持、服务高校思政工作和就业创业工作的机制与氛围。

第二，要采取措施，加强高校就业指导队伍的力量融合。为此，我们将组建由就业指导人员、思政课骨干教师、校外就业创业导师和优秀校友组成的就业指导教师队伍。在双轨育人机制下，思想政治理论课教师必然成为就业指导教师队伍的重要成员。他们不仅在公共理论课中讲授职业道德、法律知识等与就业教育相关的内容，还积极参与到课程思政的建设中，推动思政课程与就业教育课程的互融互通。因此，思政教师加入就业教育队伍不仅是时代的要求，也是双轨育人机制下就业教育发展的必然趋势。

同时，还要将校外就业创业导师纳入就业指导教师队伍。这是基于市场经济发展的需要，也是双轨育人机制下发挥政府、用人单位和高校合力的有效措施。政府人员可以解读政策，介绍政府政策的出台、实施和应用范围等，校外用人单位可以分享行业知识、就业市场信息以及未来行业发展前景，并从用人单位的角度谈论大学生就业能力的培养、招聘的标准和程序以及如何实现人岗匹配等。这种融合将使就业指导课程更加丰富，并激发大学生参与课程的积极性，实现理论与实践的结合，推动就业教育的社会化、职业化发展，从而取得实质性的效果。

此外，校友也是就业指导教育中不可或缺的力量。校友们相似的校园学习生活经历和特有的校园联系，会使他们的现身讲课更具说服力，大学生更愿意聆听、更愿意学习，从而取得最佳效果。同时，校友们奋发向上、百折不挠的工作经历也将影响大学生的价值观和人生观，引导他们树立正确的就业观和择业观。

高校就业指导教师与政府、校外用人单位和校友的沟通交流，可以加强就业指导课程的设计，拓展自身的就业知识面，提高就业理论知识的应用性。通过整合就业指导人员、思政课骨干教师、校外就业创业导师和校友的力量，实现互补互通，从而提升就业指导师资队伍的整体水平，进一步提升思政育人水平。

随着社会的不断发展，大学生的就业观念和需求也在不断演变，大学生就业面临着前所未有的挑战。学校需要积极适应这一变化，通过加强实践机会、强化职业规划教育、提升学生综合素质等对策，助力学生更好地迎接未来职业挑战，实现自身价值。这也为社会培养更具创新力、实践能力的人才提供了尝试和创新的方向。

第十一章　产教融合与社会服务双轨育人机制应用实践

随着时代的发展和社会需求的变化，高等教育的育人模式也日益受到关注。在这个背景下，产教融合与社会服务双轨育人机制应运而生，成为促进学生全面发展的重要途径。这一机制旨在通过将学校、产业界和社会资源有机结合，为学生提供更为丰富、实用的培养体验，使其更好地适应职场需求，实现个人与社会的双赢。

产教融合与社会服务的双轨育人机制为高校培养更具实践能力和社会责任感的人才提供了有效的途径。通过实际操作，学生能够更好地将理论知识应用于实际，增强职场竞争力。同时，这一机制也使学校更好地与产业和社会接轨，更加贴近社会需求，为培养创新能力、实践能力和综合素养的高素质人才提供了有力支持。产教融合与社会服务双轨育人机制的应用实践不仅推动了高校教育的变革，也为学子的个人发展注入了新的活力。

第一节　双轨育人机制下高职院校专创融合实践

近年来，高职院校在深化改革过程中，通过将创新创业教育贯穿人才培养全过程，致力于培养具备创新意识、创业思维、开拓精神，并具备创业知识和技能、复合知识结构、深厚人文素养以及开创性个性特征的高素质人才。这一努力在提升人才培养质量方面取得了一定成效。

2019 年 2 月，国务院印发了《国家职业教育改革实施方案》，作为新时代职业教育改革的指导性文件。方案中明确提出了深化产教融合的要求，强调要推动企业与学校协同育人，积极在人才培养、技术创新、就业创业、社会服务等方面展开合作，要求职业院校在人才培养上加强校企互动并扎根服务区域经济发展。

一、相关概念

（一）双创

大学生创新创业能力，简称双创，是指大学生在创新思维发展的基础上，通过运用已有知识和经验，创造新事物的能力的综合体现。这种能力主要包括敏锐的观察能力、深刻的洞察能力、全局性的战略思维能力和面向未来的开拓创新能力等。对于大学生来说，创新创业能力是一种较高层次的能力，它在社会实践中发挥着重要作用，也是高校教育需要着重培养和关注的关键能力之一。

创业能力则是指在校接受大学教育或刚刚毕业、尚未就业的学生，通过学校、社会、家庭等教育，发现并抓住商机，将各种资源整合并创造更大价值的能力。这种能力是将个人的创业设想成功转化为现实的能力。

创新创业能力是指大学生利用所掌握的科学文化知识和周围资源，创造、改进事物，并将其转化为对个人发展有益的社会、经济和文化价值的能力。这种能力是综合性的，是新时代大学生应当具备的重要能力之一。

（二）双创教育

双创教育，也称为创新创业教育，在 2010 年教育部发布的《关于大力推进高等学校创新创业教育和大学生自主创业工作的意见》中被明确定义为"适应经济社会和国家发展战略需要而产生的一种教学理念与模式"。

作为教育领域的新理念，创新创业教育是由"创新""创业"和"教育"三个概念结合而成的复合概念。其目标是培养具备创业基本素质和开拓型个性的人才。这种教育不仅仅注重培养在校学生的创业意识、创业精神和创新创业能力，更是面向整个社会，针对那些计划创业、正在创业或者已经创业成功的群体，提供分阶段、分层次的创新思维培养和创业能力锻炼的教育。

（三）专创融合

高职院校专业群专创融合，即将专业教育与"双创"教育相结合。这种融合体现在两个方面：首先，从专业群教学出发，将产业发展情况和市场需求等内容融入教学，通过真实的创新创业场景激发学生的学习兴趣和创业活力，使他们真正领会"双创"的本质。其次，运用"双创"教育所需的团队建设、财务知识、运营管理等技能，充分挖掘专业学习中的创新创业点，开展具体的创新创业活动，并形成专业群独特的"双创"成果。

人才培养的具体实践在专业群专创融合中体现为以下三个方面：首先是第一课程的实施，即在主要课程中融合行业和企业知识，纳入"双创"教育的基础知识；其次是第二课堂的实施，以专业创新项目为核心，展开创新创业的具体实践，使专业创新与创业活动有机结合；最后是建立服务平台，在前两者基础上构建真实的专业领域创新创业实践环境，提供丰富资源支持，孕育并发展专业特色的创新创业团队。高职院校必须充分了解行业和产业的发展现状，与企业深度合作和交流，这是专业群专创融合不可或缺的举措。

二、双轨育人机制下高职院校专创融合实践的意义

产教融合在高职教育发展中扮演关键角色，是高职院校基本办学模式的重要组成部分。与此同时，社会服务作为高校三大教育职能之一，也被教育部列为评选示范性高职院校的五大条件之一，同时也是高职教育的核心竞争力之一。这两者相互支持、相互促进。通过产教融合，高职院校提升了专业人才的培养质量，而这些高质量的专业人才也进一步为地方经济提供服务。与此相反，提升社会服务能力也有助于更深度地与企业进行产教融合。

近年来，高职院校对产教融合进行了持续深入的研究，涉及课程建设、生产性实训室建设、现代学徒制、创新创业等多个领域。在推动产教融合和社会服务的过程中，高职院校将人才培养的技术创新与就业创业有效结合，

并再次融入双创教育。这对于解决高职院校双创教育所面临的挑战，形成系统的专业双创新培养模式具有重要的指导和实践意义。

三、高职院校双创教育中专创融合面临的问题

综合近十年来的发展，高职院校的双创教育在专业教育与创新创业教育融合方面未能取得预期效果。存在的问题主要包括创业教育实践平台不足、实践课程体系不完善，以及缺乏系统的人才培养理念。同时，人才培养机制滞后、对创新创业教育的规律性认识、系统性认识，以及成效性认识不足等问题也影响了双创教育的有效性。具体来说，高职院校专创融合面临以下几个主要问题。

（一）过多强调如何创业，而忽视学生自主创新能力的培养

在大学生创新创业实践教学中，专业技术教师和职业创业技术指导教师之间缺乏联系，未能建立起完善的教学体系。因此，在双创教育过程中，常过于强调创业计划书撰写和公司开办等方面，却忽视了学生自主创新的重要性。优质的创业项目必须依赖自主创新支持，创业的核心动力即是创新。因此，高校需重视培养学生的创新意识和实践能力。同时，学生也要深入企业现场实践，积极学习、探索并参与实际工作，从中总结企业生产、运营和技术方面的经验，真正培养创新创业思维和实际操作技能，提高学生自主创新的能力。

（二）在学校内闭门造车谈创业，缺乏专业的支撑

高职院校中，不同部门在创新创业教育方面有各自侧重点，包括第一课堂教育、就业创业指导、科研成果转化和第二课堂实践。然而，在将创新创业教育与专业培养、区域产业发展相结合方面，这些部门缺乏具体的整合措施，需要各专业群体积极思考并采取实际行动来解决。这表明高职院校在整合创新创业教育与专业培养方面仍有待深入研究和实践。

（三）创新创业教育模式不清晰，人才培养目标缺乏量化标准

创新创业教育在高职院校中出现"泡沫化"现象，主要表现为注重企业数量而忽略培养目的、教学方法忽视效果、个性化教育缺失。这一现象的主要原因在于高职院校在推进双创教育时过于强调职能部门的计划，未充分融合专业教育与双创教育，并未将专业的创新创业教育放在核心位置。专业教育未根据人才培养目标制定具体培养方案，导致专业领域的科技、技术应用、工艺革新等内容弱化。因此，培养学生创新意识、创新能力，实现专业特色上的创新创业是双创教育最重要的任务。

（四）创新创业教育在教学中缺乏社会实践

高职院校的创新创业课程主要侧重于理论学习，缺乏实际的实践活动或工作经验支持，导致学生无法将学到的理论知识应用于实践，制约了创新创业内涵在学生中的理解和应用。为解决这一问题，应引入实践课程，要求教师在专业课堂上巩固理论基础的同时深化实践探索，引导学生参与广泛的实践活动，通过多种渠道和方式进行实践教学，以提升创新创业教育的深度和广度。目前，高校创新创业课程主要局限在学校范围内，缺乏外部因素的介入和社会环境的参与，导致创业教育内容不够全面，质量难以通过实践验证。众所周知，创业并非一蹴而就的事情，一次成功的创业需要创业者结合实际情况、专业能力和技能，创造有价值的产品并融入社会。因此，学校在设计创新创业课程时应考虑创业者的成长轨迹，帮助学生学习专业技能和创业知识。

四、双轨育人视角下高职院校专创融合模式实践

（一）双轨育人运行原理

双轨育人包括产教融合形式之轨和社会服务内容之轨，二者并驾齐驱，协同发展，互为促进，形成强大的合力。正因为如此，产业与教育的结合可以提高我国的教育水平，而优质的专业技术人员可以为区域经济发展提

供更多的助力；同理，企业与高校结合越紧密，高职院校的社会化服务水平就越高。

在双轨育人机制下，为了将专业教育与创业教育有机结合，必须在整个人才培养过程中全面深化产教融合，并探索社会服务渠道。通过产教融合促进人才培养，利用优质人才服务社会，提高人才的实践能力，从而进一步加强产教融合。在专业教育和"双创"教育过程中，产教融合与社会服务虽然同等重要，但承担着不同的功能。

具体而言，课程设置方面通过工学交替等方式了解行业和产业发展状况，同时通过创新课程和毕业设计与产业服务相连接。在创新载体上，产教融合引入新技术、新工艺、新标准，通过师生创新团队和协同创新方式服务社会。而在服务平台上，产教融合实现跨学科融合，形成专业特色，通过成果转化和辅导培训促进创新创业，全面推进双创教育体系建设，最终达成人才培养目标。详细模型如图 11-1 所示。

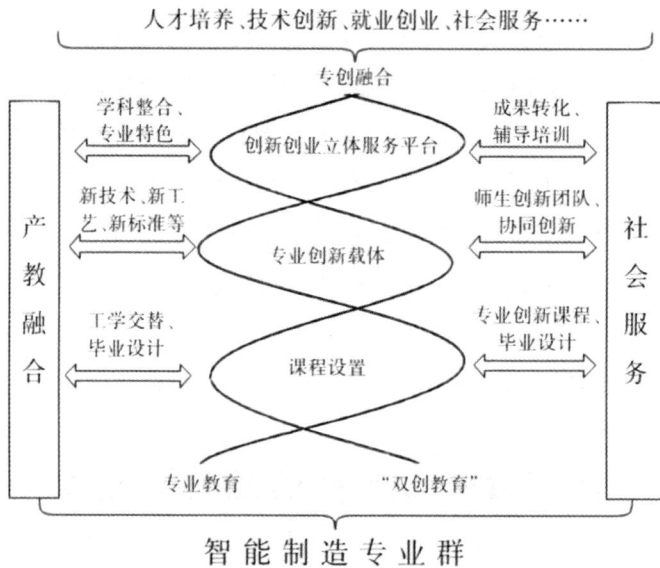

图 11-1　产教融合与社会服务双轨育人机制下的专业群专创融合模式

（二）高职院校专创融合实践——以智能制造专业群为例

智能制造技术是当前制造业发展的主导方向之一，对应着"中国制造 2025"

的战略定位。为适应市场需求并培养具备创新能力的人才，学校将智能制造专业群作为重点发展方向，并开展双创教育。这种教育模式强调产业与教育的融合，注重社会服务与产业需求的双向驱动，以培养"双创型"人才为目标。在此背景下，通过实践验证了产教融合与社会服务双轨育人模式在智能制造领域的有效性，形成了"三课程二阵地一平台"的教育体系。这一系统性的教育模式为学校的"双高"建设提供了强有力的支持，也为智能制造领域的人才培养提供了可资借鉴的有效路径。

1.在专业第一课堂建设"三课程"，将双创教育课程融入人才培养方案

大一学期包括创新创业和通识教育，大二则有为期 9 周的实践性生产课程，旨在让学生更深入了解专业领域和当地产业，激发他们的求知欲。大二下学期所有专业都会开设创新课程，要求每周至少 3 课时，持续 20 周，总计 60 课时。这门课程侧重于完成社会服务项目，通过项目实践来培养学生的创新意识和能力。大三上学期，基于之前的创新课程，学校将开设毕业设计课程。各专业班级分成不同的小组，由专业教师进行毕业设计指导。这些小组将在每年 11 月下旬的毕业设计展上展示他们的创新成果或专利申请数量，以便对学生前两年创新创业教育情况进行具体量化评估。

这一教育模式以产业界和教育界的融合为基础，强调实践项目和成果呈现，为智能制造专业群的学生提供了全面发展的机会。其涵盖的"三课程"不仅关注专业技能，更包括通识教育，能有效提升学生的综合素养。同时，这种教育模式也将创新创业元素有机融入专业课程，为学生创新能力的培养提供了具体、可量化的考核目标，为未来的创业教育打下了坚实的基础。

2.深化产教融合，构建技能与双创教育并进的第二课堂"二阵地"

"二阵地"是以开放式培训基地和企业合作研发中心为依托，通过产学研合作，在"第二课堂"下，研究出一种新型的培养模式——产教融合、校企协作。

在职业教育领域，通过创新的方式与当地著名企业合作，共同建立了混合所有制的技术技能培训基地。在这里，不仅引进了新技术、新工艺和新标准，还为广大学员提供了实时公开的培训机会。同时，设立开放式的实训室，在确保安全的前提下，充分地利用这些设施进行生产实践和技能演练，从而

为培养大学生的科技运用能力创造有利的环境。

在校企合作的深度融合中，创建创新工作室，这个工作室紧随科技发展步伐，涉及智能制造、机器人应用、嵌入式技术等领域。通过向企业提供社会化服务，与企业共同进行项目研发和技术改造等活动，以解决企业核心技术研究项目以及行业技术孵化项目中的问题。通过这种方式，从中选拔出优秀学生参与项目研发和技术创新，使其成为创新教育的一个重要校外基地，同时也是创新创业教育的主要场所。

"二阵地"不仅在"第二课堂"中提升了大学生的创造力，同时也持续不断地为"第一课堂"的教学活动注入大量的工程资源，在企业的生产实践和合作创新过程中丰富了"第一课堂"的教学内容。这样，学生们在对自己的职业和行业有了全面的认识后，可以发挥自己的创意和创业能力，打破传统教学"围墙"的限制。

3.整合区域资源，建设以专业技术为支撑的省级众创空间平台，立体式服务区域经济

高职教育在智能制造技术应用方面展现独特特色，通过深化产教融合，积极对接服务区域中小企业，实现与企业的互动。以专业建设为支撑，构建了涵盖创新创业辅导培训、知识产权培训、项目孵化、创新创业赛事等多功能的综合平台，为创新创业教育提供全方位、立体式的支持和服务。

在产教融合、社会服务资源充足、双轨并行驱动、以及"三课程二阵地一平台"培育体系的支持下，智能制造专业群学生在大一至大三学年间，通过整合第一课堂、第二课堂、大众教育和精英教育的内容，构建了三维矩阵的路径图，如图11-2所示。

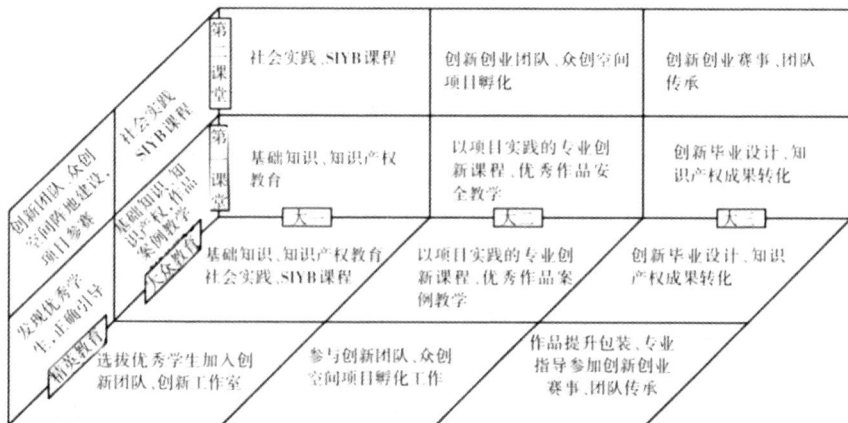

图 11-2 高职院校学生创新创业培育路径三维矩阵

以大一至大三的创新创业培育为时间轴，第一课堂通过递进的方式，包括基础知识学习、知识产权教育、企业实训、项目创新课程，最终输出创新创业毕业设计成果。注重项目实践和生产性实训，培养学生创新意识、知识产权保护意识和材料编写能力。第二课堂从社会实践到协同创新团队项目孵化的专业指导，提炼高质量的创新创业作品，最终参与创新创业赛事和成果转化。

创新创业教育过程可比喻为金字塔结构，第一课堂与大众教育搭建了坚实的基础，而第二课堂与精英教育则构筑了金字塔尖的逐渐上升过程。为确保教育的全面有效性，需要充分整合学校的各类资源，涵盖课程设计、产业合作、社会服务项目、扶持政策、资金支持以及管理服务等多个方面。这种综合性的融合确保了创新创业教育体系的稳固和高效运行。

通过产教融合和社会服务的推动，智能制造专业群成功进行了双创教育改革，取得了显著成果。专创融合的路径从第一课堂的"三课程"全面涵盖基础和通识教育，到第二课堂的"二阵地"提升专业和精英教育，再到众创空间平台的多层面服务，形成了清晰的双创教育路径和进阶模式。这一模式覆盖全体学生，注重层次感，满足个性化学习需求，最终构建了独特而富有特色的专业教育与双创教育融合的人才培养模式。

第二节　构建产教融合与社会服务双轨育人机制的对策建议

社会服务作为现代大学的核心使命与内在要求，与人才培养、科学研究、文化传承与创新共同构成了现代大学的四大职能。这四大职能之间呈现出辩证统一且和谐发展的关系。以社会服务为目标导向的产教融合育人模式，为条件相对匮乏的地方性高等院校提供了有效途径。通过充分借助区域资源，与地方政府、行业、企事业单位、科研机构、国内外高校等全面合作，形成资源共建、互利共赢的利益共同体。这种模式在培养学生的同时，服务于地方经济和企业技术创新，还为地区的教育事业做出贡献，为区域的全面高质量发展奠定了良好的教育基础。

产教融合与社会服务的双轨育人机制根植于地方高等院校的实际状况，通过深入与政府、行业企业的合作，旨在服务地方发展、共同育人、满足社会需求，并实现内涵可持续发展。该机制以利益共同体、专业体系、创新平台、人才培养模式、管理体制为支柱，构建了五位一体的育人体系（如图11-3所示），致力于改善现有的教育模式，提升高等院校的教育水平，同时为区域社会发展提供服务。

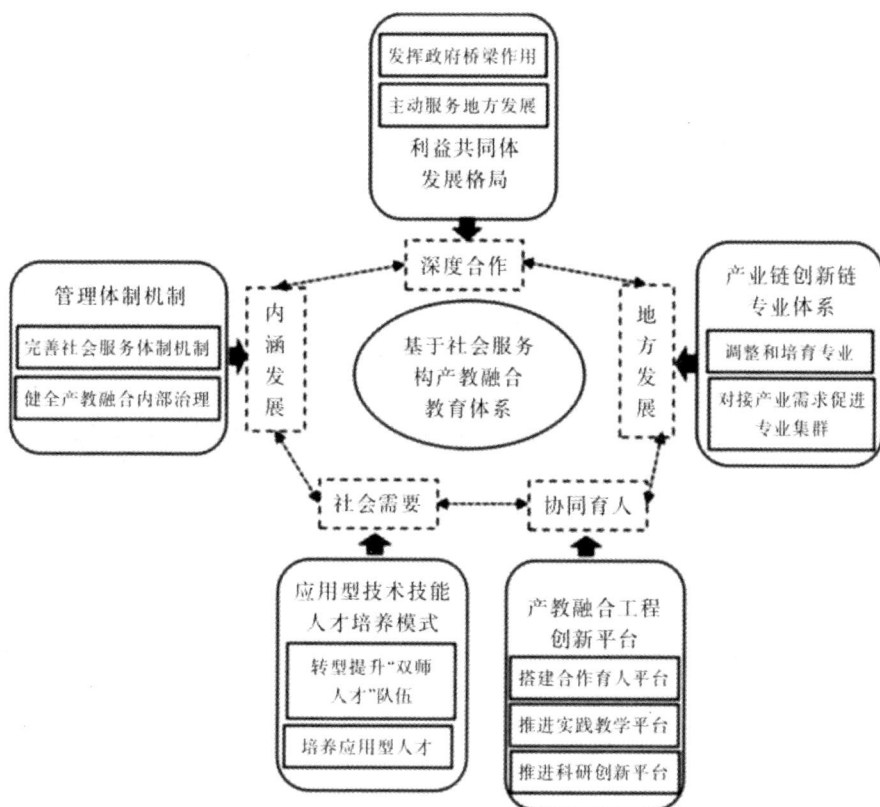

图 11-3　产教融合与社会服务育人体系

一、围绕深度合作，完善新型区域利益共同体发展格局

（一）主动服务地方发展

双轨育人培育模式以多方共建、开发共享为原则，充分发挥政府、行业和高校的各自优势。在区域产业发展战略的引导下，通过签署战略框架协议，设立校政企合作理事会，推动校政企新型利益共同体的深度融合。这一模式旨在实现各方优势的最大发挥，促进产业与教育的有机结合，推动区域产业的转型升级。

（二）发挥政府桥梁作用

深度融合与合作的学校与政府关系改变了办学机制和治理结构，塑造了资源共享、互利共建、发展共赢的新型利益共同体，全面服务地方经济社会发展。在政府引导下，学校与产业界实现了深度产教融合，相互支持，形成了产学研一体，推动企业技术创新和科技成果向现实生产力转化，助力产业转型升级。政府的搭桥作用整合了资源要素，提升了再生价值，强调了协同育人，增强了服务创造价值的能力。

二、围绕地方发展，构建紧密对接产业链创新链的专业体系

（一）面向需要调整培育专业

通过招生、培养、就业的联动机制，结合高校专业布局和区域发展需求，建立专业预警和退出机制。采取限制招生、隔年招生、停招、停办等措施，优化专业结构。以"大扶贫""大数据"为战略行动，同时注重"大生态""大健康""大文化"三大跨越工程，根据未来五到十年的经济社会发展需求，以当前专业体系为基础，培育新的应用型专业生长点。

（二）对接产业加快专业集群

加强生物与农林工程类专业集群的建设，以促进区域资源保护与利用、特色农业、水产养殖业及城镇化进程的发展；优化创意服务与文化旅游类专业集群，以推动区域文化、旅游事业的发展；突出新材料与化学工程类专业集群的特色，以促进区域精细化工业、新材料开发与利用业的发展；完善现代教师教育类专业集群，以更好地服务于区域教育事业。同时，要培育电子与信息技术类专业集群，以推动区域电子与信息类产品研发、生产和销售产业的发展；培育区域经济与现代商务物流类专业集群，以适应区域各级经济管理部门、工商企业以及现代商务、物流管理和与物流相关的铁路、航空、港口、仓储等领域的需求；培育水土工程与应用技术类专业集群，以支持区域水利、电力、建筑、建材、交通、路桥等行业和产业的发展；培育护理与

营养健康类专业集群，以促进区域医疗卫生事业的发展。

三、围绕协同育人，搭建以产教融合工程为重点的创新平台

（一）搭建合作育人平台

遵循互惠共赢的原则，通过校地合作平台和产教融合平台，采取政策倾斜、经费扶持、提供场地和设备等手段，促使企业在学校内设立研发、设计、生产、检测等机构。示范学院如农林工程与规划学院、大数据学院、经济管理学院、材料与化学工程学院、教育学院等在校内建设真实场景模拟的准工厂、准企业化实验室和实习实训中心。同时，在若干二级学院中进行人才培养综合改革试点，与行业企业合作共建"校企合作班""创业学院""工作坊""产学一体化工作室"等。这一模式旨在促进学校与企业深度合作，提升学生实践能力和就业竞争力。

（二）建设实践教学平台

为提升实践教学水平，特别强调建设与应用型人才培养密切相关的实验、实训示范共享平台。以大学生素质拓展计划、研究性学习和创新创业训练计划项目为依托，搭建开放式创新实践平台和大学生自主创业实践平台，确保创新创业训练的成果。通过产学研合作，共同打造校企合作的实习实训平台，同时加强校外实践基地的建设。这一模式旨在促进学生实践能力的全面提升，确保他们在创新创业方面取得实质性的成就。

（三）提升科研创新平台

为推动科研实力的提升和产业化创新的发展，高校着力加强科研实验平台建设，以目标为建设国内一流实验室，通过整合和重组优化实验室布局和结构。同时，注重科研成果的转化和产业化创新平台的构建，紧密围绕地方高新技术产业发展战略，强化了体制机制创新和技术创新，提升了产业化的能力和水平。此外，通过建设具有广泛适应性和持续创新能力的新科研平台，

积极孵化高新技术企业和推动产业化创新的发展。这一系列举措旨在构建科研平台新格局，促进产学研深度融合，助推创新成果向产业化转化。

四、围绕社会需要，着力构建应用型技术技能人才培养模式

（一）转型提升"双师人才"队伍

利用高端平台如院士工作站、博士后科研工作站，建设"双师人才"队伍，具备扎实理论基础和专业实践能力。拓宽引才渠道，注重引进实践能力强、具备职业技能资格和行业背景的高层次人才，包括行业专才、业内专家、学界知名人士、企业家等。有计划地选派青年教师到政府机构、企业接受培训、挂职工作和实践锻炼，提高他们的实际经验和行业了解。通过平台和基地建设，集结团队，形成大平台，争取大项目，创造大成果，以新的方式汇聚学科队伍。

（二）培养社会需要的应用型人才

全面深化实践教学改革，构建应用型人才培养的实践教学内容体系。不断优化人才培养方案，规范实践教学内容、形式与结构比例，确保专业实践学分在建设期内超过30%，重点专业达到35～40%以上。加强实践教学内容改革，完善"四位一体"实践教学内容体系，包括课程实验、集中实践、素质拓展、创新创业训练。强化实验项目建设，逐步提高综合性、设计性实验及研究创新性实验的比重。推动本科生优秀毕业论文（设计）培育计划，引导学生贴近社会生产实践与科学研究实际，确保毕业论文真实、实际。在文科实践教学中，推行基于问题、基于项目、基于案例的教学方法，强调综合性实践科目设计和训练。

五、围绕内涵发展，完善社会服务和产教融合管理体制机制

（一）完善社会服务体制机制

为了更好地履行学校的职能，高校采取了一系列措施。通过建立平衡机制，协调人才培养、科学研究、社会服务、文化传承与创新的关系，确保学校可持续发展，更好地服务地方经济社会。设立社会服务中心和专业学院社会服务科，强化统筹协调，制定管理办法，探索"社会服务供给"机制。通过探索"校内非教学资源教学化"机制，建立跨学科科研项目组织机制，优化教学实训条件，推动产教融合，提高人才培养质量。完善各类服务平台，创新管理模式，整合社会资源，构建长期、稳定、互惠、共生的协作关系，建立开放式、全方位、立体化服务体系。引导教师与政府、企事业单位合作科研项目，联合政府、企事业单位开展多形式的产学研合作，建立面向区域的开放式科技创新服务模式。

（二）健全产教融合内部结构

在《关于深化产教融合的若干意见》中，国务院办公厅提出，应促进地方政府、地方产业企业、社会组织和高校等多方主体参与产教融合，并确保转型的可持续性。为此，学校应在政府的主导下，主动邀请政府、行业企业代表，组成由政府、行业、企业等人员参与的学校理事会，并制定《政校企合作理事会章程》，明确界定学校与政府、行业、企业、学校各方在合作培养人才方面的职责权限和义务。同时，推行理事会领导下的学校二级分院院长负责制，建立"学校党委统一领导、重大事项理事会民主决策、校长治校、专家治学"的内部管理体制。此外，应培养双创人才，推进创业创新型城市建设与发展。为完善校政企合作和产教融合发展的管理机制体制，应加强校政企合作处网络化、精细化管理。同时，建立合作办学机制、绩效分配机制和兼职教师聘用机制，推行行业企业负责人担任专业带头人制度，吸引行业和企业进行开放式合作办学，形成政府依法管理、企业共同参与、学校按章自主办学的紧密型政校企合作办学体制机制。

　　总的来说，在产教融合与社会服务的双轨育人机制中，政府、学校、企业和社会需要紧密合作，共同努力实现人才培养与社会服务的有效结合。这一双轨机制的目标不仅是为了培养更具实践能力的人才，也追求促进产业和教育的双向发展。通过充分整合各方资源，协同合作，最终达成的目标是为社会进步作出更大的贡献。

第十二章 结论与展望

第一节 结论

产教融合是近年来高等教育深化改革的重要方向，它体现在学校与产业之间展开紧密合作，共同参与人才培养过程。这合作不仅在人才培养的各个环节有所体现，还意味着产业资源与学校教育资源的深度整合。通过这种融合，学校更灵活地适应行业需求，调整专业设置，提升教学和就业质量，同时企业也能获取更适应市场需求的人才，有效提升竞争实力。成功的产教融合需要学校和企业共同努力，平衡各自利益，促使双方在培养未来专业人才的过程中实现互利共赢。

社会服务是高校与外界联系的重要窗口，也是高校实现社会价值的重要途径。高校通过社会服务，可以更深入地了解社会的需求和发展趋势，从而调整人才培养方案和科研方向，使教育更切合实际，满足社会发展的需要。同时，社会服务也可以促进高校的技术创新和成果转化，推动产业的发展和升级，提升高校在社会中的实际影响力。

产教融合和社会服务是高职院校创新发展、高质量发展的着力点，但在具体工作内容上既分离又统一，既互相促进又互相补充，两者协同发展，齐头并进，共同指向具有社会责任感、实践能力和创新精神的高素质人才的培养。这是近年来高等教育改革的重要方向，也是高校落实立德树人根本任务、为党为国培育人才的第一要务。

育人是教育的生命和灵魂，也是教育的价值诉求和本质要求。产教融合与社会服务双轨育人机制就是以社会需求为导向，以学生就业能力为目的，坚持以人为本，将学生置于教育活动的核心，充分尊重学生的发展规律，并通过组织和开展一系列的教育活动和社会实践，对学生进行知识结构、思想品德、能力素质等多方面的教育和培养，不断提高学生的综合素质与可持续发展的能力，最终使学生成长为德智体美劳全面发展的社会主义建设者和接班人。

本书从高校育人的角度出发，从理论和实践层面探讨研究了产教融合与社会服务双轨并行、协同发展对高校人才培养的核心作用，由此形成的主要结论如下。

双轨并行的关键性：产教融合和社会服务的双轨并行对高校人才培养至关重要。这两者相辅相成，不仅提供了更贴近实际需求的教育环境，也促使学生在理论与实践中获得平衡发展。

协同发展的核心作用：产教融合与社会服务的协同发展直接影响高校人才培养的质量。紧密结合实际产业需求的教学和实践，有助于学生更好地掌握实际应用技能，提高就业竞争力。

理论与实践的有机结合：通过对产教融合与社会服务的深入研究，书中强调了理论与实践的有机结合对高校人才培养的重要性。这种结合能够更好地满足社会需求，使学生具备更强的实践能力。

人才培养模式的创新：本书的研究结果揭示了产教融合与社会服务的双轨并行为高校创新人才培养模式提供了有力支持。这一模式通过与产业融合，为学生提供更丰富的实践体验，培养更具实际应用能力的专业人才。

第二节 展望

　　我国高等职业教育正进入快速发展阶段，各校在这一过程中积极进行教育改革，致力于探索适合本校且具有中国特色的人才培养模式。在这一背景下，产教融合与社会服务双轨育人机制的理念和应用实践显得尤为重要，不仅对中、高职教育具有指导意义，也对其他院校构建具有中国特色的高等教育人才培养模式提供了有益启示。

　　在产教融合与社会服务双轨育人过程中，高等院校充分利用自身资源和社会资源，以"合作、发展、共赢"为宗旨，与政府、行业、企事业单位、科研机构、国内外高校等进行全面合作，形成资源共建、互利共赢的利益共同体，在培养学生的同时，也能服务于企业技术创新和经济发展，为教育事业奉献力量，也为经济的全面高质量发展奠定了良好的教育基础。希望本研究能抛砖引玉，为推动高等教育的可持续发展，建设创新型强国，实现中华民族的伟大复兴梦助力赋能。

　　随着社会的发展和时代的进步，产教融合与社会服务双轨育人机制的创新和探索仍然是一个常讲常新的话题，需要不断进行实践的探寻与理论的梳理。我们有理由相信，随着产教融合与社会服务模式的深入推进和逐步完善，未来高校的教育模式将迎来创新的浪潮，并有更多具备复合型能力的高素质人才脱颖而出。

参考文献

[1] 邓泽民，董慧超. 德国应用科学大学研究［M］.北京：科学出版社，2017.

[2] 万秀兰. 美国社区学院的改革与发展［M］. 北京：人民教育出版社，2003.

[3]［美］亨利·埃茨科威兹著，周春彦译. 国家创新模式：大学、产业、政府"三螺旋"创新战略［M］. 北京：东方出版社，2014.

[4] 彭迪云. 大学生创新创业基础 ［M］. 江西：江西高校出版社，2016.

[5] 郭凡. "互联网+"背景下高职教育校企合作对策研究［D］. 西安：西安建筑科技大学，2017.

[6] 马小辉. 创业型大学的创业教育目标、特性及实践路径［J］. 中国高教研究，2013（7）.

[7] 陈好连. 双元制背景下德国职教教师资格制度研究［D］. 重庆：西南大学，2012.

[8] 国务院. 国家中长期教育改革和发展规划纲要（2010—2020)［M］.北京：人民出版社，2010：16.

[9] 周绍梅.产业转型升级视角下职业教育产教融合的症结与破解[J].教育与职业，2018（2）.

[10] 姚润玲. 基于利益相关者理论的应用型本科院校产教融合绩效评价研究［D］. 哈尔滨：哈尔滨工业大学，2018.

[11] 杜安国，何小梅.高校文化育人理念与实践［M］. 广州：广东高等教育出版社，2019.

[12] 朱芳转.新时代高校大学生社会能力提升研究实践［M］. 北京：

科学技术文献出版社，2020.

[13] 邓泽民，王宽.现代四大职教模式［M］.北京：中国铁道出版社，2006.

[14] 张忠信，高红梅.校企合作的理论探索与实践［M］.沈阳：辽宁大学出版社，2007.

[15] 杨国祥，丁钢.高等职业教育发展的战略与实践［M］.北京：机械工业出版社，2006.

[16] 徐金寿.理实融合实践育人"全程式"实践人才培养模式［M］.杭州：浙江大学出版社，2010.

[17] 黄炎培.黄炎培教育文集第 4 卷［M］.北京：中国文史出版社，1995.

[18] 谭贞.新建本科院校转型发展模式研究［M］.北京：科学出版社，2017.

[19] 颜彩飞.高职院校校企合作机制创新研究［M］.长沙：中南大学出版社，2016.

[20] 刘家骓，郭桂萍.高职大学生就业与创业指导［M］.北京：北京师范大学出版社，2010.

[21] 周延波，王正洪.高校创新教育［M］.北京：科学出版社，2011.

[22] 别业舫.择业与创业——当代大学生就业教育的理论与实践［M］.北京：北京大学出版社，2005.

[23] 陈丽莉，刘若冰.大学生创业概论［M］.成都：四川大学出版社，2015.

[24] 孙庆珠.当代大学生创业教育［M］.北京：国防工业出版社，2011.